LE GUIDE DES LIENS SPONSORISÉS

O. Andrieu. – **Réussir son référencement web**. *Stratégies et techniques SEO.*
N°13825, 2014, 660 pages.

D. Roch. – **Optimiser son référencement WordPress.**
N°13714, 2013, 220 pages.

I. Canivet-Bourgaux. – **Référencement mobile.**
N°13667, 2013, 456 pages.

R. Rimelé. – **HTML 5 (2e édition).** *Une référence pour le développeur web.*
N°13638, 2013, 752 pages.

F.-X. Bois et L. Bois. – **WordPress 3.5 pour des sites web efficaces.**
N°13801, 2014, 346 pages.

I. Canivet-Bourgaux et J.-M. Hardy. – **La stratégie de contenu en pratique.**
N°13510, 2012, 176 pages.

E. Kissane. – **Stratégie de contenu web.**
N°13279, 2011, 96 pages.

I. Canivet-Bourgaux. – **Bien rédiger pour le Web (3e édition).**
N°13750, 2014, 736 pages.

C. Schillinger. – **Intégration web – Les bonnes pratiques.**
N°13370, 2012, 390 pages.

S. Daumal. – **Design d'expérience utilisateur.**
N°13456, 2012, 208 pages.

A. Boucher. – **Ergonomie web illustrée.** *60 sites à la loupe.*
N°12695, 2010, 336 pages.

A. Boucher. – **Ergonomie web (3e édition).** *Pour des sites web efficaces.*
N°13215, 20011, 356 pages.

A. Boucher. – **Mémento Ergonomie web (3e édition).**
N°13735, 2013, 14 pages.

E. Marcotte. – **Responsive web design.**
N°13331, 2011, 160 pages.

E. Sloïm. – **Mémento Sites web (3e édition).** *Les bonnes pratiques.*
N°12802, 2010, 18 pages.

Florian Marlin

LE GUIDE DES LIENS SPONSORISÉS

Google AdWords
en 150 questions-réponses

Illustrations de Fred Rimbau

EYROLLES

ÉDITIONS EYROLLES
61, bd Saint-Germain
75240 Paris Cedex 05
www.editions-eyrolles.com

Remerciements

J'adresse un grand merci à tous ceux qui m'ont soutenu et encouragé dans la publication de cette seconde édition, tous ceux qui m'ont posé des questions à propos d'AdWords, avec des remerciements tout particuliers à Marianne, Cyndra, Marie-Laetitia, Marine, Olivier, Kris et Faneva. Et enfin, un grand merci à Fred Rimbau pour avoir réalisé les illustrations de ce livre (www.rimbaufred.com).

Avant-propos

Vous tenez entre les mains l'un des tout premiers livres consacrés aux liens sponsorisés, qui représentent la première dépense publicitaire sur Internet en France. Secteur en constante évolution, notamment grâce à la suprématie de Google et de sa régie publicitaire AdWords, il était nécessaire d'y consacrer un ouvrage afin de vous donner les clés de la compréhension et de la gestion des campagnes publicitaires.

Conçu comme une FAQ, ce livre a pour but de répondre à toutes les questions que vous vous posez sur les liens sponsorisés, que vous soyez néophyte ou expert en la matière. Vous pourrez le lire de façon linéaire, mais aussi le parcourir en fonction de vos besoins et de vos interrogations.

Les 150 questions de cet ouvrage ont été réparties en 15 chapitres qui correspondent aux grands thèmes abordés. Des bases du référencement payant à la stratégie à adopter, de l'achat des mots-clés aux optimisations plus avancées, en passant par le choix du prestataire et la facturation, tous les aspects liés aux liens sponsorisés sont détaillés dans ce guide pratique et très accessible. En outre, vous rencontrerez au fil des pages un petit personnage qui vous livrera des astuces bien utiles sur tous ces sujets.

Les évolutions technologiques mises en place par les régies publicitaires étant nombreuses et fréquentes, il est possible que certains paramétrages spécifiques décrits ici diffèrent légèrement de ceux que vous devrez réellement effectuer. Mais les méthodes données demeureront d'actualité et seul un petit travail d'adaptation sera parfois nécessaire.

Je vous souhaite une excellente lecture et une très bonne virée dans le monde des liens sponsorisés !

Florian Marlin

Table des matières

Chapitre 2. **Stratégies** 21

Chapitre 3. Achat de mots-clés   51

Chapitre 4. Ciblage des mots-clés   63

Chapitre 5. **Annonces** — 75

Chapitre 6. **Paramétrages** — 97

Chapitre 7. **Quality Score** 135

Chapitre 8. **Analyse et optimisation**   145

Chapitre 9. **Optimisations avancées**

Chapitre 10. Outils — 209

Chapitre 11. Autres types de campagnes — 229

Chapitre 15. Encore des questions ? — 283

Glossaire — 293

Index — 307

Chapitre 1
Les bases du SEA

Maintenant, plus d'excuses.
Je veux être le premier sur Google !

À quoi correspondent les termes SEM, SEO et SEA ?

Le référencement sur Internet recouvre différents termes, qui sont pour la plupart des sigles anglophones assez peu explicites pour les néophytes.

Le SEM *(Search Engine Marketing)* est le marketing s'appliquant aux moteurs de recherche. Il regroupe deux entités : le SEO *(Search Engine Optimization,* alias le référencement naturel ou organique) et le SEA *(Search Engine Advertising,* qu'on appelle aussi liens sponsorisés ou référencement payant).

Plus précisément, le but du SEO est d'améliorer le positionnement naturel d'un site Internet sur les pages de résultats des moteurs de recherche, dans la zone «gratuite» (voir question 2).

Le SEA, quant à lui, consiste à acheter des mots-clés sur les moteurs de recherche afin d'afficher des publicités dans certaines zones bien précises des pages de résultats (voir question 4). Le présent ouvrage traite spécifiquement des questions liées au SEA.

Comment différencier les liens naturels des liens sponsorisés ?

Sur les principaux moteurs de recherche, les liens organiques (dits « naturels » ou « SEO ») se différencient des liens sponsorisés (dits « payants » ou « SEA ») de la façon suivante :

- les liens organiques (sur fond blanc) occupent la majeure partie de l'espace gauche du navigateur. Ils sont généralement plus longs que leurs homologues payants ;

- les liens sponsorisés sont présents à plusieurs endroits : avec une indication Annonce juste au-dessus des résultats naturels – c'est la Zone Premium (voir question 10) – et dans une colonne à droite de la page de résultats. Depuis 2011, il est également possible de trouver des liens sponsorisés sous les liens naturels : c'est la Zone basse.

En distinguant de manière visuelle les liens naturels des liens payants (voir figure page suivante), les principaux moteurs de recherche ont ainsi opté pour la transparence vis-à-vis des internautes, même si ces derniers font peu la différence à l'heure actuelle.

Attention, si Google, Yahoo! et Bing différencient clairement SEA et SEO sur leurs pages, en proposant un nombre limité de résultats en Zone Premium, ce n'est pas le cas de tous les moteurs français. Ainsi, ceux de free.fr, orange.fr, aol.fr ou encore sfr.fr ne respectent pas toujours les règles des leaders : il leur arrive d'augmenter le nombre de liens sponsorisés en Zone Premium, ou d'estomper les différences entre publicité et liens naturels.

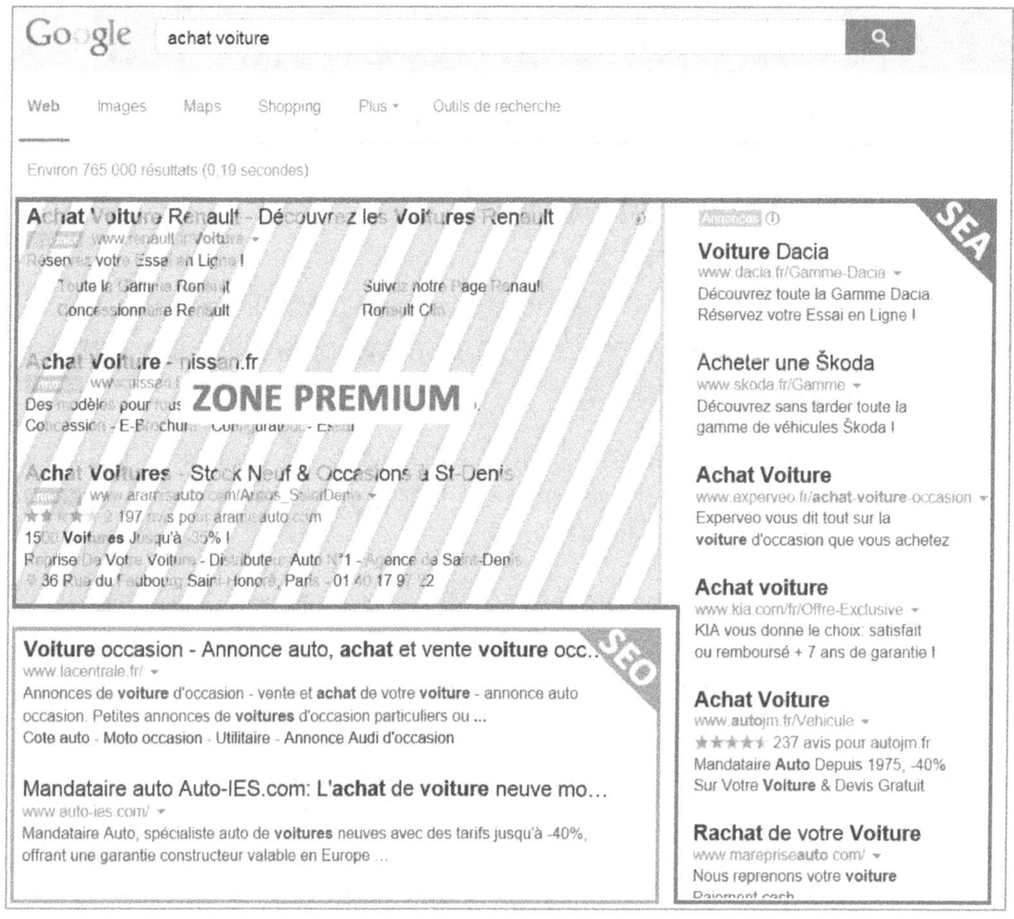

Liens organiques et sponsorisés sur Google.fr

Si le référencement est gratuit, pourquoi payer pour des liens sponsorisés ?

Le terme référencement est très générique et regroupe différentes notions. De manière plus précise, le référencement (SEM) consiste à rendre visible son site web sur les outils de recherche en ligne. Il correspond, d'une part, au référencement naturel (SEO) et, d'autre part, au référencement payant (SEA). Il est important de faire la différence entre ces deux types de référencement qui ont assez peu de points communs, si ce n'est de partager la même page de résultats de recherche.

Le SEA représente un coût de plusieurs centimes d'euros à chaque clic généré sur un lien publicitaire, ce qui peut impliquer un budget très important pour engendrer un maximum de trafic.

En théorie, le SEO est gratuit mais, dans les faits, il est coûteux en temps. Un certain délai est en effet généralement nécessaire avant qu'il ne commence à porter ses fruits – il faut plusieurs semaines, voire plusieurs mois, pour constater ses effets sur le trafic généré –, alors que les liens sponsorisés sont totalement contrôlables et immédiatement en ligne.

Sachez par ailleurs que le référencement naturel suppose de posséder de grandes compétences sur le sujet.

Comment fonctionne l'achat de mots-clés aux enchères ?

Quand on parle de liens sponsorisés ou de Google AdWords, on évoque tout de suite un système d'achat de mots-clés sur le mode des enchères. Mais, concrètement et précisément, de quoi s'agit-il ? Comment fonctionne ce système ?

Lorsqu'un annonceur utilise des liens sponsorisés, il réserve des emplacements publicitaires sur les pages de résultats d'un moteur de recherche. Pour ce faire, il choisit certains mots-clés correspondant aux requêtes des internautes sur lesquelles il souhaite apposer son annonce. On dit couramment qu'il «achète des mots-clés», dont chacun est régi par une mise aux enchères entre les différents annonceurs souhaitant se positionner.

Ce système d'enchères permet de définir le prix payé par l'annonceur pour son emplacement, ainsi que sa position qui lui attribue plus ou moins de visibilité par rapport à ses concurrents. Attention, quand on parle d'enchères, on pense très souvent à un système d'achat en ligne tel que celui popularisé par eBay. Dans le cas des liens sponsorisés, le fonctionnement est un peu différent.

Contrairement à eBay, ce n'est pas la meilleure enchère qui remporte la mise. Le système d'enchères va permettre de définir la position de chaque annonceur, entre celle la plus visible (et donc la plus chère) et celle qui l'est moins. Ainsi, quel que soit le niveau de l'enchère, l'annonce s'affichera tout le temps, mais elle sera plus ou moins visible pour l'internaute.

Une enchère représente le coût que l'annonceur est prêt à débourser pour acquérir un clic d'internaute. Elle débute à 0,01 € sur Google et peut aller jusqu'à plusieurs euros par clic. Plus le mot-clé est concurrentiel, plus les enchères montent, et plus le niveau du coût par clic sera élevé pour une bonne position.

En outre, les régies publicitaires affinent ce système en basant l'ordre des positions des différents annonceurs non pas uniquement sur le prix qu'est prêt à payer l'annonceur sur un mot-clé, mais aussi sur une note de qualité appelée «Quality Score», jugeant ainsi la qualité de l'expérience utilisateur pour l'internaute qui cliquera sur votre lien.

Pour plus d'informations sur le Quality Score, rendez-vous à la question 77. Si vous souhaitez en savoir plus sur la méthode exacte utilisée par Google pour classer les différentes annonces concurrentes, je vous invite à lire la question 80.

 5 Sur quels moteurs de recherche peut-on acheter des liens sponsorisés ?

En France, les moteurs de recherche sont nombreux. Vous connaissez bien sûr Google, mais il en existe beaucoup d'autres. Votre fournisseur d'accès à Internet propose lui aussi son propre moteur de recherche et d'autres grands acteurs du Web possèdent également leur outil de recherche. Comment alors assurer sa présence publicitaire sur l'intégralité de ces moteurs ?

Le marché français du SEA est très concentré. Ainsi, pour acheter des liens sponsorisés sur la plupart des moteurs français, il suffit d'investir sur deux plates-formes publicitaires, celles de Google et de Bing. Cette dernière regroupe les moteurs de Yahoo! et de Microsoft.

Google AdWords est la plate-forme la plus importante, sans compter que le moteur a passé des accords avec les principaux fournisseurs français d'accès Internet (Orange, Free, SFR…). Ainsi, un seul investissement sur Google, en activant les « partenaires de recherche » (voir question 68), permet d'apparaître sur tous ces moteurs. Bing, quant à lui, propose également une plate-forme spécifique nommée Bing Ads pour les moteurs bing.com et yahoo.fr (et quelques autres partenaires).

Depuis 2012, les deux géants du Web que sont Microsoft et Yahoo! ont rapproché leurs plates-formes publicitaires pour peser plus lourd face à Google. Les annonceurs peuvent désormais investir les liens sponsorisés des deux moteurs en une seule fois, facilitant ainsi la gestion des campagnes. Et voilà comment, sur le marché très concentré du référencement payant, deux plates-formes permettent d'afficher votre publicité sur plus de 95 % des requêtes effectuées sur les moteurs français.

# Pourquoi les liens sponsorisés changent-ils à chaque recherche d'une même requête ?

En effectuant une recherche sur Google et en actualisant votre page, vous constaterez certainement que le nombre de liens sponsorisés a changé, que les différents annonceurs n'occupent plus forcément la même position, et que même les textes publicitaires ont pu être modifiés. Comment expliquer ce phénomène ?

Ces changements sont dus en partie aux tests permanents qu'effectue Google pour définir le meilleur positionnement pour une annonce, en fonction de son coût par clic maximum (CPC max) et de son Quality Score. Ainsi, ce dernier est recalculé à chaque requête, ce qui fait varier l'ordre des annonces publicitaires (voir question 80). Quant à la modification des textes d'annonces, elle s'explique par le fait que les annonceurs en prévoient plusieurs pour un même mot-clé, le moteur les diffusant de façon optimisée ou alternée selon le paramétrage choisi (voir question 61).

L'objectif pour les annonceurs est d'améliorer leurs performances, quand celui des moteurs de recherche est d'augmenter leur rentabilité.

 Un site optimisé pour le référencement naturel est-il un atout pour les liens sponsorisés ?

Mettons les choses au clair : les moteurs n'établissent aucun lien direct entre SEO et SEA, c'est-à-dire entre référencement naturel et liens sponsorisés.

Mais quelles preuves avons-nous ? Aucune en réalité, nous ne pouvons que nous fier aux déclarations des moteurs de recherche. Toutefois, leur crédibilité serait bien entachée si l'on arrivait à démontrer un quelconque lien entre ces deux types de référencement. En effet, les moteurs perdraient alors la confiance de leurs internautes, ce qui réduirait, à terme, leur part de marché.

Il existe cependant un lien indirect entre les deux. En effet, si votre site est optimisé sur la base de certains critères pour le référencement naturel, avec une bonne rapidité de chargement du site, cela vous avantagera pour le Quality Score de vos campagnes de liens sponsorisés.

SEA et SEO partagent donc de nombreux critères communs d'optimisation, notamment concernant la page de destination. Le travail du contenu de la page et, globalement, l'amélioration de l'expérience utilisateur sont bénéfiques pour les deux leviers. Une raison de plus de suivre ces bonnes pratiques !

8 L'emploi de liens sponsorisés va-t-il influencer positivement ou négativement mon référencement naturel ?

Comme nous l'avons vu dans la question précédente, les moteurs de recherche les plus importants n'établissent aucun lien direct entre leurs résultats naturels et sponsorisés. Si vous investissez sur les différentes plates-formes, votre référencement naturel n'encourt aucun risque. D'ailleurs, si c'était le cas, cette logique serait contre-productive pour les moteurs et dissuaderait les annonceurs de dépenser leur budget de communication web chez eux.

Notez que l'inverse est également vrai : les moteurs ne vous favorisent pas non plus dans leurs résultats naturels si vous utilisez leurs programmes publicitaires de liens sponsorisés. En d'autres termes, votre investissement dans une campagne de liens sponsorisés n'aura aucun impact sur votre référencement naturel du moteur en question. En théorie, Google a bien la possibilité d'influencer ses résultats naturels de recherche en fonction de la présence de l'annonceur dans le programme AdWords. Mais il ne le fait pas, car sa crédibilité serait alors mise à mal, et par là même la confiance de ses utilisateurs.

Nous sommes d'accord qu'il est difficile de croire sur parole Google. Néanmoins, aucune étude ni aucun constat n'ont jusqu'à présent fait état d'un lien de cause à effet entre AdWords et le référencement naturel (ni avec l'outil gratuit Google Analytics d'ailleurs).

Que sont les liens contextuels ?

Les liens contextuels AdWords sont aussi des liens sponsorisés, mais ils fonctionnent différemment. Tout d'abord, ils ne s'affichent pas sur les moteurs de recherche, mais sur des sites web externes qui désirent monétiser leur trafic (le «réseau de contenu» ou «réseau Display» de Google). Pour que les éditeurs de sites puissent afficher des liens contextuels sur leurs pages et rentabiliser leur trafic, ils doivent participer au programme Google AdSense.

Par ailleurs, ces liens sont choisis en fonction des mots-clés ou des sites sélectionnés par un annonceur, mais également par rapport au texte contenu sur la page hébergeant la publicité ou au profil de l'internaute. Google sélectionne ainsi la publicité la plus pertinente et celle qui sera potentiellement la plus cliquée.

Dans l'exemple ci-dessous, un site décrit l'île de Bora Bora. Google détecte la thématique du site et décide d'afficher judicieusement des publicités liées à des voyages ou des vols vers cette destination.

Exemple de liens contextuels Google AdSense

De plus, l'éditeur de site bénéficie de liens contextuels totalement personnalisables, qui peuvent se fondre dans la page qui les accueille.

Côté annonceur, les liens contextuels sont généralement moins chers que leurs équivalents sponsorisés dans les résultats de recherche, avec un CPC moyen plus faible. Mais les taux de clic sont également réduits, car ces annonces ne sont pas affichées suite à une recherche particulière. Les performances de ces liens s'assimilent dès lors plus à une campagne de bannières publicitaires classique, dans un objectif de visibilité ou de trafic à moindre coût. Mais contrairement à celle-ci, l'annonceur a le choix des sites de diffusion de ses liens contextuels. Google, qui souhaite faciliter la mise en place des liens contextuels, propose par défaut la diffusion des annonces publicitaires sur le réseau Display en plus des liens sur le moteur de recherche, et ce, pour une même campagne.

Pour savoir comment lancer une campagne de liens contextuels sur le réseau Display de Google AdWords, consultez la question 120.

Création d'une nouvelle campagne

Je vous conseille de ne jamais utiliser la même campagne pour une diffusion sur les deux supports. Pensez à en créer une bien distincte si vous souhaitez lancer des liens contextuels, cela facilitera votre optimisation future.

 10 Qu'est-ce que la Zone Premium ?

La Zone Premium, également appelée Zone nord par les moteurs, se constitue de trois annonces au maximum, au-dessus des liens naturels. Sur Google, elle se distingue souvent par un encart jaune Annonce devant chaque lien sponsorisé dont la description est sur une seule ligne. Pendant de nombreuses années, elle s'est différenciée par un fond de couleur jaune pâle.

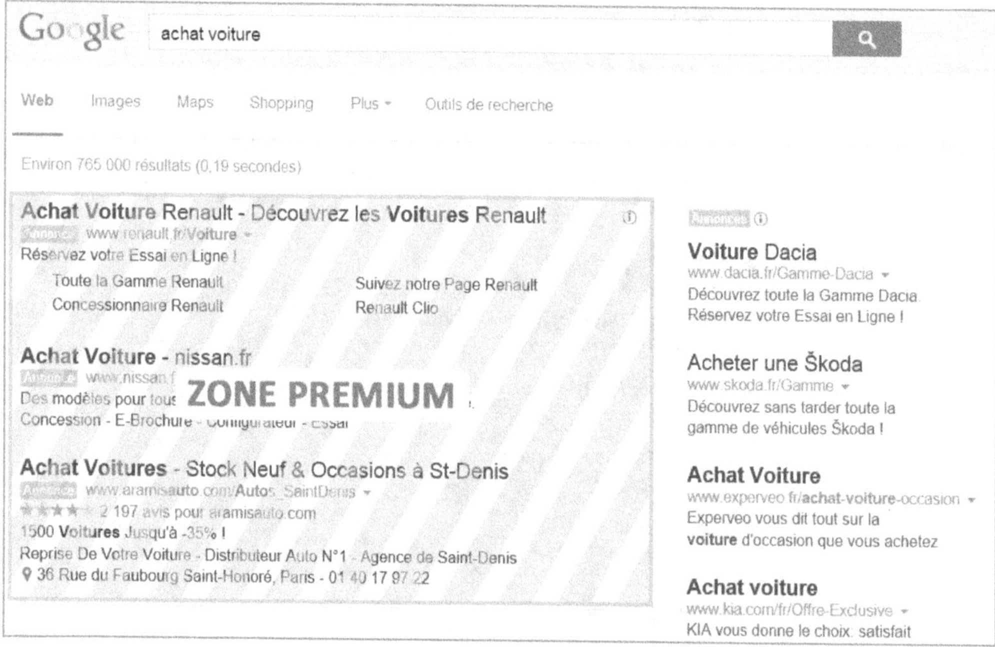

Zone Premium de Google.fr

Cette zone représente les premières positions des liens sponsorisés et n'apparaît pas systématiquement. Son affichage aléatoire est lié à la popularité d'une requête et à l'alliance du taux de clic et du Quality Score.

Lieu d'affichage privilégié des publicités, les internautes ne faisant pas toujours la distinction entre liens sponsorisés et liens naturels, la Zone Premium recueille bien souvent un taux de clic plus élevé que les annonces latérales. Sous les annonces classiques, elle accueille par ailleurs des extensions d'annonces diverses et variées, afin de mettre en avant des liens supplémentaires, notamment vers d'autres pages du site, un lien vers un magasin sur Google Maps ou un numéro de téléphone accessible depuis un mobile, parmi bien d'autres possibilités.

La visibilité qu'elle offre est donc particulièrement attractive pour de nombreux annonceurs. Mais est-il vraiment intéressant de viser le positionnement dans cette Zone Premium pour vos liens sponsorisés ? La réponse se trouve à la question 29.

 11 Pourquoi n'y a-t-il pas toujours de liens sponsorisés au-dessus des résultats naturels ?

Vous remarquerez en effet que la Zone Premium de liens sponsorisés n'apparaît pas forcément au-dessus des liens du référencement naturel. Comme nous l'avons vu à la question précédente, elle s'affiche principalement pour des mots-clés très souvent recherchés, et donc des requêtes génériques. Si une requête a un potentiel commercial suffisant (et se révèle donc achetée par de nombreux annonceurs), il y a davantage de chances qu'elle y soit visible.

C'est également le cas si un annonceur dispose d'un très bon taux de clic et d'un excellent score de qualité. Ces critères sont souvent remplis par les mots-clés marque (voir question 26), d'où leur présence fréquente dans la Zone Premium.

Reprécisons enfin que, même si ces conditions sont remplies, cette zone ne sera pas forcément présente, car les moteurs alternent son affichage et sa disparition de façon aléatoire, ce qui leur permet de faire des tests permanents sur le comportement des internautes

Quand la Zone Premium s'affiche avec trois résultats, ces derniers représentent les trois premières positions en liens sponsorisés, et la quatrième position débute en haut de la colonne latérale droite (voir figure page suivante). En revanche, si elle n'apparaît pas, la première position devient celle du lien sponsorisé le plus haut de la colonne latérale. Dès lors, attention à l'interprétation des positions moyennes fournies par les régies publicitaires.

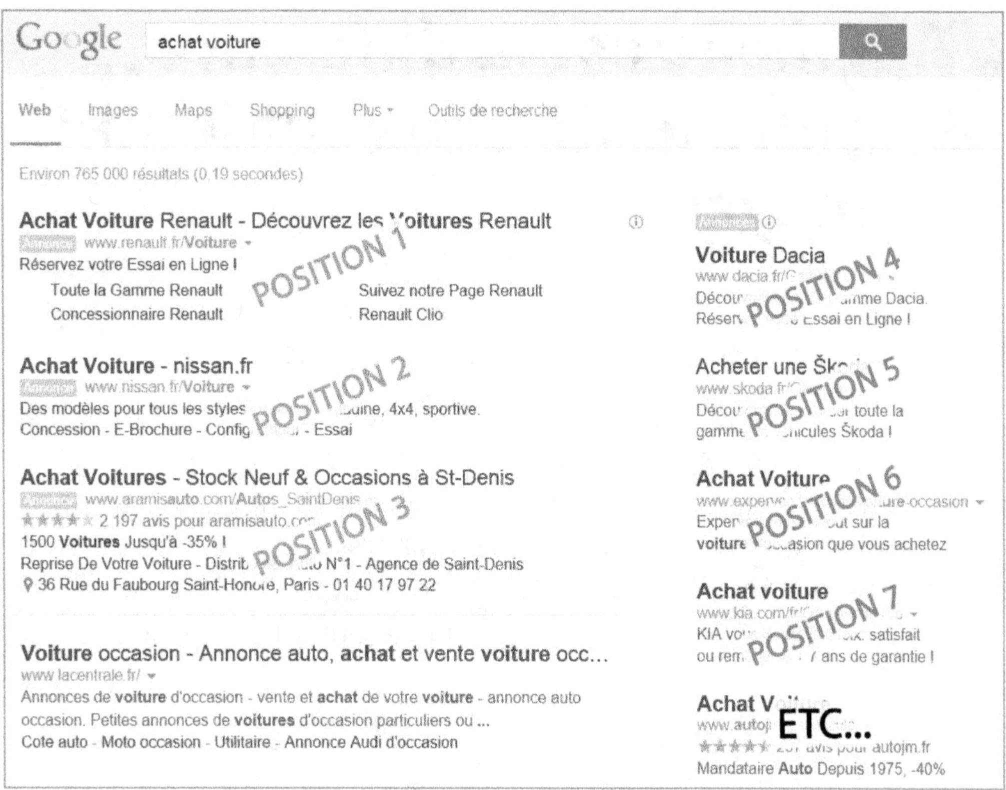

Ordre des positions sur Google.fr

 **12 Quelle est la différence entre le CPC max et le CPC moyen ?**

Au sein d'une même interface publicitaire, deux indicateurs de coût par clic (CPC) sont disponibles. Attention à ne pas les confondre !

• Le CPC max est le coût que vous définissez au niveau de chacun des mots-clés et des groupes d'annonces (ou adgroups). Il s'agit du montant maximal que vous êtes prêt à payer pour le(s) mot(s)-clé(s) en question. Cette information ne se saisit qu'aux niveaux mots-clés et adgroups, mais elle est modifiable à tout moment, tel un paramètre. Le coût par clic réel que vous payez est inférieur ou égal à ce CPC max.

• Contrairement au CPC max, le CPC moyen est le coût réel moyen par clic que vous payez. Il s'agit d'une statistique de performance, qui est disponible une fois que votre campagne est lancée et qui évolue continuellement. Cette information est disponible à de nombreux niveaux et correspond au ratio dépenses/nombre de clics.

Ces deux indicateurs diffèrent du CPC réel, lequel est le vrai coût par clic payé pour un clic sur un lien sponsorisé donné. Son montant est défini par Google en fonction du classement des positions des liens concurrents (voir question 80). Mais le moteur ne fournit pas à l'annonceur le CPC réel de chacun de ses clics, seule leur moyenne est disponible.

Qu'est-ce qu'une stratégie de longue traîne ?

La stratégie de développement de la longue traîne *(Long Tail* en anglais) est une façon de développer la liste des mots-clés d'un compte en privilégiant des expressions très spécifiques. Elle est reconnue pour son efficacité, notamment en termes de rentabilité pour un site e-commerce, car elle génère un trafic très qualifié.

En clair, il s'agit de choisir des mots-clés très précis, à l'inverse des génériques souvent préférés par la plupart des annonceurs en liens sponsorisés. Ceux-ci sont détaillés (voir question 30) et permettent de sélectionner des URL de destination qualifiées afin d'améliorer les performances de conversion.

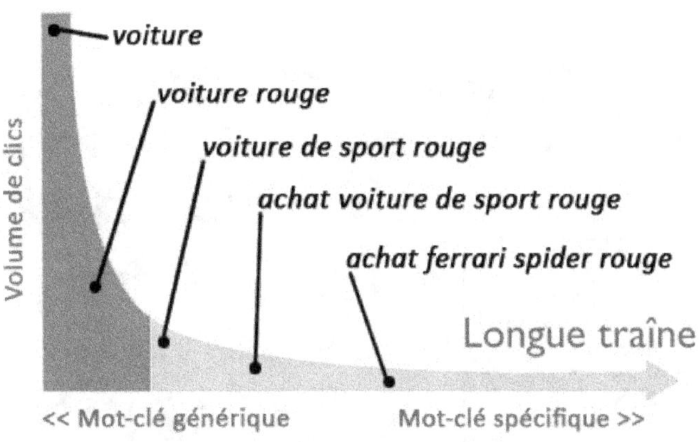

Représentation de la longue traîne

Comme ces mots-clés sont très précis, ils ne génèrent que peu de volume (par rapport aux génériques), mais ils ont généralement des taux de conversion plus importants. Sachez qu'il est néanmoins très chronophage de développer une stratégie de longue traîne, car les possibilités de requêtes sont infinies. Dès lors, l'utilisation du rapport des termes de recherche sera très utile pour développer cette stratégie (voir question 87).

14 Comment est structuré un compte en liens sponsorisés ?

Les liens sponsorisés sont bien sûr constitués d'annonces et de mots-clés, mais ils sont structurés de manière bien spécifique. Dans un compte, on retrouve tout d'abord des campagnes, pour lesquelles de nombreux paramètres sont modifiables. Au sein d'une même campagne, il y a des groupes d'annonces (ou adgroups) sur lesquels peu de paramétrages sont applicables, si ce n'est le choix d'un CPC max global et la mise en place d'extensions d'annonces. Dans chaque adgroup figurent également ment des mots-clés et des annonces sur un même niveau. Tous les mots-clés diffusent les annonces du même groupe d'annonces.

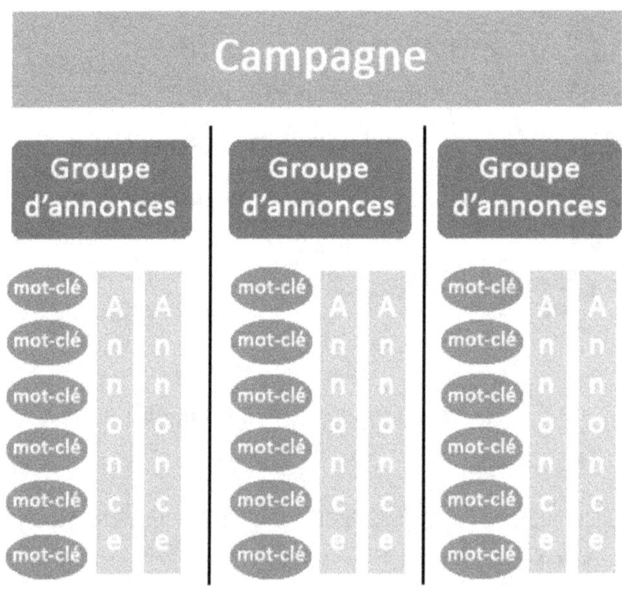

Structure type d'une campagne SEA

Chapitre 2
Stratégies

 15 Comment calculer la rentabilité d'une campagne de liens sponsorisés ?

La rentabilité d'une campagne de liens sponsorisés dépend en premier lieu de vos objectifs.

Si vous avez un objectif de ventes ou de leads, vous pouvez suivre le classique indicateur de ROI (retour sur investissement) en prenant en compte le chiffre d'affaires généré (CA). Deux formules classiques sont possibles :

$$ROI = (CA - Investissement)/Investissement$$

$$ROI = CA/Investissement$$

Notez que, pour cela, il est indispensable d'avoir une solution de tracking pour identifier les ventes issues des liens sponsorisés (voir question 69). Une colonne disponible sous AdWords nommée «Valeur de conv./coût» permet d'afficher directement la seconde formule de ROI dans votre interface.

Si vous avez un objectif de trafic, la rentabilité est plus difficile à mesurer. Vous pouvez, par exemple, analyser le comportement des internautes sur votre site via un outil web analytics. Les indicateurs du taux de rebond et du nombre de pages vues peuvent être un bon début.

Enfin, l'amélioration de la notoriété est plus compliquée à évaluer. Je vous conseille de vérifier si le nombre d'impressions sur vos mots-clés marque est en progression ou pas ; il s'agit généralement d'un bon indicateur de l'évolution de votre visibilité. Pour découvrir comment mesurer efficacement votre notoriété via AdWords, rendez-vous à la question 105.

Combien de campagnes dois-je créer dans mon compte ?

Plusieurs stratégies différentes sont possibles pour définir le nombre de campagnes à créer. Certains annonceurs n'en lancent qu'une seule, d'autres séparent la marque du reste, d'autres encore divisent leurs campagnes selon les familles de produits vendus ou les thèmes abordés, d'autres enfin séparent les mots-clés les plus performants des autres.

Il n'y a pas de véritable règle quant au nombre de campagnes à créer. La seule chose à savoir est que les principaux paramètres (le budget quotidien notamment) se définissent à ce niveau. À partir de là, créez vos campagnes comme vous le souhaitez en gardant bien à l'esprit la contrainte budgétaire.

Ainsi, si vous souhaitez maîtriser le budget d'un certain groupe de mots-clés, il est nécessaire de l'isoler dans une campagne. Essayez d'intégrer ce fonctionnement dès la création de vos premières campagnes, afin d'éviter d'importantes modifications de structure après coup. En effet, il serait dommage de devoir diviser une campagne en plusieurs parties juste pour une question de budget ou de ciblage par géolocalisation. Vous perdriez un précieux historique (voir question 81) et, par là même, une partie de votre Quality Score.

Plus vous adoptez une structure détaillée, plus vous aurez la possibilité d'optimiser finement vos campagnes, mais la gestion sera d'autant plus complexe et chronophage. Il faut donc trouver un juste milieu, sans tomber dans l'excès. Pour cela, pensez à anticiper votre structure en fonction des ressources qui vont gérer le compte, du temps de gestion prévu et de votre méthode d'optimisation.

Notez aussi qu'AdWords impose une limite de 10 000 campagnes par compte, ce qui sera probablement difficile à atteindre.

Combien de mots-clés dois-je inclure dans un groupe d'annonces ?

En théorie, et pour maximiser son efficacité, votre groupe d'annonces doit contenir un très faible nombre de mots-clés, afin d'être pertinent et cohérent avec des annonces précises.

Dans les faits, la multiplication des adgroups complique la gestion opérationnelle de la campagne. Il faut donc trouver un bon compromis, en gardant à l'esprit que les annonces de l'adgroup doivent être cohérentes avec les mots-clés concernés et les pages de votre site web, afin d'éviter que vos performances ne dégringolent.

Par exemple, si vous vendez un seul format de bouilloire en trois couleurs possibles, vous pouvez organiser votre campagne avec trois adgroups (un par teinte). En revanche, si vous vendez trois formats dans chacun des trois coloris, vous pouvez choisir un axe (le format ou le coloris) comme différenciation pour créer trois adgroups, ou bien multiplier les axes pour obtenir neuf adgroups très détaillés. En fonction de la logique retenue, vous obtiendrez un compte plus ou moins facile à gérer.

Même s'il vous sera difficile d'atteindre cette limite, sachez qu'AdWords vous impose un maximum de 20 000 mots-clés par groupe d'annonces. En ce qui concerne Bing Ads, elle est de 10 000 mots-clés par adgroup.

18 Dois-je acheter le maximum de mots-clés pour améliorer ma rentabilité ?

Si vous vous posez cette question, c'est que vous n'avez pas encore saisi la spécificité du fonctionnement des liens sponsorisés.

Cet aspect de volumétrie est en effet un non-sens et ne donne aucune indication fiable sur la performance d'une campagne de liens sponsorisés. Si vous êtes déjà fin connaisseur du SEA, vous aurez compris que ce n'est pas le nombre mais la pertinence des mots-clés achetés qui importe.

Vous pouvez ainsi disposer d'une dizaine de mots-clés très pertinents et obtenir une efficacité satisfaisante ou, au contraire, en avoir des milliers avec des résultats médiocres. Attention, si ceux que vous avez achetés sont uniquement des termes génériques en ciblage Large, attendez-vous à des performances au rabais !

Notez que leur exhaustivité dépend également du domaine de l'annonceur et de ses objectifs. Par ailleurs, un nombre trop important de mots-clés rend la gestion opérationnelle très complexe, que ce soit dans l'optimisation ou dans le temps de chargement allongé des opérations (notamment avec le logiciel AdWords Editor).

Pour résumer, gardez en tête que la qualité prime sur la quantité. Ainsi, un nombre limité de mots-clés, bien ciblés et en cohérence avec le budget quotidien disponible, sera amplement plus efficace. Oubliez donc cette mauvaise habitude de vous référer au volume que la plupart des personnes qui ne maîtrisent pas les liens sponsorisés adoptent à tort.

Si vous souhaitez toutefois acheter une grande quantité de mots-clés, sachez qu'une limite maximale a été imposée par Google afin de limiter la surcharge de ses serveurs. Vous pouvez ainsi avoir 20 000 mots-clés accompagnés de 50 annonces textuelles par adgroup sur AdWords. Sachant que vous disposez de 20 000 groupes d'annonces par campagne et jusqu'à 10 000 campagnes par compte, c'est théoriquement 4 billions de mots-clés que vous avez la possibilité d'avoir sur un compte.

Bien que Google restreigne le nombre de mots-clés par compte à 5 millions au total, cette limite peut être repoussée par les équipes commerciales de Google AdWords, en cas de nécessité – même si, en pratique, les limites de base sont rarement atteintes, sauf par les sites e-commerce internationaux les plus importants.

Enfin, sachez que la régie des moteurs de Bing et Yahoo! possède des limites quelque peu différentes, à savoir 10 000 mots-clés et 50 annonces par groupe d'annonces, 10 000 adgroups par campagne et 10 000 campagnes par compte, mais 2 millions de mots-clés par compte.

 Quelles sont les meilleures pages de destination pour les liens sponsorisés ?

Le choix de la page de destination (ou landing page) est déterminant pour l'efficacité de vos campagnes, car c'est la première chose que l'internaute découvre de votre site. C'est cette page qui va déterminer son premier avis et l'encourager à explorer davantage votre site ou, au contraire, à le quitter.

Dès lors, l'URL de destination est déterminante. Beaucoup d'annonceurs en liens sponsorisés sont tentés de mettre leur home page (ou « page d'accueil ») en lien global de redirection. En effet, celle-ci représente généralement assez bien l'activité de l'entreprise, et il s'agit souvent de la page la plus esthétique et la mieux travaillée d'un site. Mais attention, ce n'est pas forcément le bon raisonnement.

Tout va dépendre en effet du type de mot-clé (voir question 30).

- **Pour un mot-clé générique :** dans la plupart des cas, pour les petits sites, l'URL de destination adaptée est la page d'accueil ; pour les sites plus conséquents, il s'agit des pages de catégories ou de résultats de recherche interne.

- **Pour un mot-clé spécifique** de type longue traîne, correspondant à des produits précis : cette fois, il faut privilégier les pages présentant ces mêmes produits. L'internaute doit pouvoir y trouver un contenu pertinent par rapport à sa recherche. Or la page d'accueil serait dans ce cas trop générale, compte tenu de sa requête.

 20 Quel doit être mon investissement budgétaire dans les liens sponsorisés ?

Il n'est pas évident de définir en amont le budget d'une campagne de liens sponsorisés. Il est plutôt conseillé de l'adapter à une somme donnée. Sur AdWords, un budget se définit de façon journalière.

Ce que vous allouez à une campagne de SEA dépend en effet de divers facteurs externes. Il faut prendre en compte le secteur, la saisonnalité, l'environnement concurrentiel, mais également vos objectifs et votre stratégie, avec éventuellement la position que vous visez. Le Quality Score a également un impact sur le niveau de vos CPC moyens et donc de votre budget, mais il est difficilement appréciable avant le lancement effectif de la campagne.

Pour ma part, je vous conseille une approche pragmatique : démarrez votre campagne à un CPC max donné et faites-le évoluer pour atteindre la position voulue. Après quelques jours, vous aurez assez d'informations pour extrapoler votre investissement sur un budget mensuel et il sera possible de vous faire une idée précise des finances nécessaires pour votre campagne.

Néanmoins, si on vous demande (comme c'est souvent le cas) d'estimer le budget et le CPC moyen pour une future opération publicitaire, vous pouvez utiliser l'Outil de prévisualisation de trafic d'AdWords (voir question 114) ou contacter directement la régie qui peut, dans certains cas, vous fournir des informations sur l'investissement moyen des concurrents de votre secteur.

Comment éviter de dépenser l'intégralité de mon budget sur une courte période ?

Beaucoup d'annonceurs qui ne maîtrisent pas correctement les plates-formes publicitaires de liens sponsorisés font le désagréable constat que leur budget mensuel est dépensé en quelques jours, voire en quelques heures. Pour éviter ce type de mauvaise surprise, il est important de définir une limite budgétaire de la campagne (également appelée « capping ».

Le capping consiste à définir dans l'interface publicitaire le montant maximal quotidien que vous allouez par campagne. La régie publicitaire prend alors en compte cette information et ne dépassera pas ce seuil (sauf dans certains cas, voir question 67). Attention, ce capping ne se gère qu'au niveau de la campagne ; il vous est donc impossible de définir un budget maximal par adgroup ou par mot-clé.

Pour mettre en place un capping budgétaire, rendez-vous dans les paramètres de votre campagne et définissez un montant maximal de dépense par jour. Notez que Bing Ads propose aussi de définir un budget mensuel, afin de ne pas limiter de façon journalière le capping.

De son côté, Google a mis en place en 2012 les budgets partagés. Cette fonctionnalité sert à fixer un seul et même montant à répartir entre plusieurs campagnes, et donc vous aide à définir un budget quotidien pour l'ensemble des campagnes de votre compte par exemple.

Pour déterminer un budget partagé, rendez-vous dans la Bibliothèque partagée (à gauche de votre interface AdWords, sous vos campagnes) et sélectionnez les budgets. Vous pouvez y ajouter un budget quotidien et choisir les campagnes qui seront affectées par ce capping. Le budget partagé prendra alors la priorité sur le budget défini sur chaque campagne au niveau individuel.

Notez que même si vous fixez un budget partagé, vous êtes obligé de définir un capping quotidien individuel au niveau des paramètres de chaque campagne.

Enfin, Google propose deux modes de diffusion au sein des Paramètres de campagne et donc deux façons de dépenser son budget quotidiennement.

- Le **mode de diffusion standard** (par défaut) va afficher vos annonces régulièrement au cours de la journée en fonction de votre budget. Si votre capping budgétaire ne vous permet de payer que la moitié des clics que vous êtes capable de générer, alors votre annonce ne sera diffusée qu'une fois sur deux aux internautes recherchant les mots-clés que vous achetez, tout au long de la journée. Ce mode est intéressant pour être présent toute la journée, mais son fonctionnement implique que vous ne diffusiez pas votre annonce pour chacune des requêtes effectuées pourtant au même moment, et ce, de façon aléatoire. C'est comme si vous aviez un magasin dont l'accès serait fermé pour un client sur deux souhaitant y entrer.

- Le **mode de diffusion accéléré** sert à afficher vos annonces à chaque recherche des internautes, quel que soit votre capping. Dès lors, vos annonces ne seront plus diffusées dès que votre budget quotidien sera atteint. Dans l'exemple précédent, il est donc envisageable qu'à la mi-journée vos annonces ne soient plus diffusées, et ce, jusqu'au lendemain.

Je vous conseille d'opter pour le mode accéléré et de contrôler jusqu'à quelle heure de la journée votre campagne diffuse vos annonces grâce aux statistiques horaires (voir question 92). Si vous constatez que la diffusion se coupe trop tôt dans la journée, baissez vos CPC max pour générer plus de clics avec le même budget.

Si votre budget est trop faible, optez pour le mode de diffusion optimisé et vérifiez les performances des clics en fonction des heures à l'aide du segment Durée>Heure de la journée. Puis ajustez les enchères à la baisse sur les créneaux horaires les moins performants à l'aide du Calendrier de diffusion, pour maximiser l'affichage sur les heures où la rentabilité est la meilleure (voir question 62). Enfin, contrôlez votre taux d'impressions liées au budget pour vérifier que ce dernier n'est pas trop restrictif par rapport à vos mots-clés achetés et à vos CPC max (voir question 89).

22 Est-il utile d'investir dans d'autres supports que Google AdWords ?

Google est l'acteur majeur de la publicité en ligne. Il couvre plus de 92 % du marché de la recherche en France[1] et possède le plus grand réseau de partenaires de recherche et de partenaires Display (pour la diffusion de liens contextuels et de bannières).

Investir sur Google est donc impératif pour tout annonceur qui souhaite atteindre ses objectifs publicitaires sur Internet, mais AdWords n'est pas la seule régie de liens sponsorisés. En effet, Yahoo! et Bing (Microsoft) proposent également sur leurs moteurs une solution de liens sponsorisés, par l'intermédiaire de la régie Bing Ads.

L'achat de liens sponsorisés sur ces supports permet de diversifier vos investissements et de ne pas mettre tous vos œufs dans le même panier. Mais attention, il vous faudra au minimum autant de temps pour lancer et gérer chaque support (et vous adapter aux spécificités de chaque plate-forme).

La gestion d'un compte sur Bing Ads en plus de celle de Google AdWords est en effet chronophage. Heureusement, Bing Ads a mis en place un système d'import simplifié à partir d'un compte AdWords, permettant de le dupliquer (voir question 76). Mais l'optimisation qui devra être menée sera propre à la régie Bing Ads, car les résultats seront différents de ceux des campagnes AdWords.

Pour résumer, si vous disposez de ressources suffisantes pour gérer les deux supports, alors n'hésitez pas à lancer un compte Bing Ads. Sinon, réfléchissez bien avant d'investir dans la deuxième régie publicitaire et organisez-vous.

---

[1] Source : AT Internet, février 2014.

Dois-je investir en liens sponsorisés si j'ai un bon référencement naturel ?

Beaucoup d'annonceurs utilisent les liens sponsorisés pour acquérir du trafic au lancement d'un site et travaillent en parallèle leur référencement naturel, dans le but d'obtenir des visites moins chères. Une fois ces bonnes positions en SEO obtenues, est-il toujours utile d'acheter les mots-clés correspondant aux requêtes positionnées ? Cette question taraude la communauté webmarketing depuis de nombreuses années. Voyons quelques éléments de réponse.

Les avantages d'un double affichage SEO + SEA sur la même requête sont nombreux.

- En dupliquant votre présence, vous améliorez votre visibilité, occupez deux liens sur l'intégralité de la page de résultats, et vous réduisez ainsi la visibilité de vos concurrents.

- Avec le double affichage, vous rassurez l'internaute sur votre crédibilité. Vous améliorez ainsi potentiellement votre taux de clic et l'attractivité de vos liens.

- La flexibilité des liens sponsorisés est un vrai atout, au niveau de l'annonce tout d'abord. Vos performances de taux de clic peuvent vous donner des clés pour la rédaction des titres et descriptions de vos pages web. En effet, si votre taux de clic est bon en liens sponsorisés, pourquoi cette description ne serait-elle pas aussi attractive dans vos liens naturels ?

- En ce qui concerne l'URL de destination, servez-vous des liens sponsorisés comme d'un véritable laboratoire. En testant en SEA des URL de destination différentes de celle du lien naturel, comparez les performances et identifiez des landing pages plus performantes, que vous pourrez essayer de positionner par la suite en référencement naturel.

Les annonces sponsorisées bénéficient d'extensions d'annonces afin de mettre en avant une offre plus complète, par exemple via des liens profonds vers d'autres pages complémentaires de votre site (voir question 50).

À mes yeux, je ne vois qu'un inconvénient à cette stratégie : il s'agit du coût potentiellement additionnel que peuvent représenter les liens sponsorisés pour un trafic qui aurait pu être capté gratuitement par le lien naturel.

Vous n'êtes pas convaincu ? Il ne vous reste plus qu'à tester et à mesurer l'impact de l'achat d'un mot-clé sur le trafic de la requête en référencement naturel (voir question 110).

Si vous bénéficiez d'un taux d'impressions proche de 100 % sur un mot-clé acheté en ciblage Exact, le nombre d'impressions indiqué se rapprochera du nombre réel de recherches sur ce terme. Dès lors, en combinant cette statistique au nombre de visites reçues sur la requête naturelle, vous aurez un aperçu du véritable taux de clic de votre lien en SEO !

Est-il utile d'acheter des mots-clés non recherchés par les internautes ?

L'achat de mots-clés peu recherchés par les internautes reste toujours intéressant si les termes sont pertinents.

Vous ne risquez pas grand-chose en effet à acheter un mot-clé peu recherché. Au pire, Google ne diffusera pas d'annonce sur cette requête, jugeant le volume de recherches trop faible, et vous l'indiquera sur l'interface AdWords ; au mieux, Google diffusera votre annonce et, comme vous n'aurez sans doute que peu de concurrence, vous serez bien positionné même avec un CPC max bas.

De plus, si un mot-clé à faible volume de recherche est acheté au sein de votre campagne et que, du jour au lendemain, il se met à être recherché (par exemple, en cas de buzz ou de publicité intensive), Google l'activera automatiquement et affichera votre annonce.

Enfin, l'ajout de mots-clés non recherchés par les internautes n'influencera pas négativement le score de qualité de votre campagne. Gardez juste un œil sur le temps de gestion qui peut rapidement s'allonger en cas d'un trop grand nombre de mots-clés et d'adgroups.

Pour résumer, n'hésitez surtout pas à acheter des mots pertinents, même s'ils ne sont que très peu recherchés par les internautes.

 ## 25 Comment savoir quels sont les mots-clés les plus efficaces ?

Pour savoir si un mot-clé est utile dans votre campagne AdWords, il suffit de constater sa performance en fonction de vos objectifs.

Si votre but est d'améliorer votre notoriété ou d'augmenter votre trafic, penchez-vous plus particulièrement sur le taux de clic du mot-clé. S'il est supérieur à la moyenne du compte et qu'il a un Quality Score supérieur ou égal à 7, c'est qu'il est pertinent au vu de l'annonce qui lui est liée.

Si vous favorisez plutôt la rentabilité, attachez-vous à son taux de conversion, à son coût par action et à sa valeur de conversion (chiffre d'affaires).

Attention à l'interprétation des informations de conversion présentes sur AdWords. En effet, si un internaute passe par deux de vos liens sponsorisés via deux mots-clés différents avant d'effectuer une conversion, l'information de conversion sera attribuée au dernier mot-clé cliqué. Le premier mot-clé n'aura pas de données de conversion directes qui lui seront rattachées, et vous risquez de sous-estimer son importance dans vos optimisations. Pour plus d'informations sur les mots-clés ayant participé à la conversion, il faut se pencher sur la fonctionnalité de l'entonnoir de conversion (voir question 95).

Pour en savoir plus sur l'efficacité d'un mot-clé, n'hésitez pas à utiliser un outil web analytics (comme Google Analytics) et analysez le comportement des internautes qui découvrent votre site via vos campagnes. Vous pourrez ainsi obtenir des statistiques complémentaires, comme le taux de rebond et le temps passé sur le site, et donc plus d'informations sur la qualité du trafic drainé.

Depuis peu, il est possible d'ajouter toutes ces données dans votre interface AdWords (si vous l'avez reliée à l'interface Analytics, voir question 117). Pour cela, cliquez sur le bouton Colonnes, situé dans le bandeau supérieur d'un rapport de statistiques, et choisissez Personnaliser les colonnes. Vous y trouverez quatre nouvelles colonnes de données dans la section Google Analytics.

Procédure de personnalisation des colonnes

Lorsque vous jugez l'efficacité d'un mot-clé, n'oubliez pas qu'il ne doit pas être le seul à être pris en compte. Il ne faut pas négliger par ailleurs les annonces du même adgroup et l'URL de destination.

Enfin, un mot-clé ne sera jamais rentable si votre site web souffre de problèmes techniques ou, dans le cas d'un site e-commerce, si vos produits sont en rupture de stock.

Dois-je acheter ma marque en liens sponsorisés ?

Google, qui protégeait auparavant sur demande la marque d'un annonceur, a changé sa politique en 2010, en se désengageant de la protection des marques. Suite à ce changement, voyons les avantages et les inconvénients de l'achat de sa marque sur AdWords par rapport au lien naturel, souvent placé en première position.

Les avantages

- L'achat de la marque permet de modifier à l'envi le message marketing (c'est-à-dire l'annonce), contrairement à la description du lien naturel, qui est beaucoup moins flexible.

- Un double affichage (payant et naturel) donne plus de visibilité à la marque pour un faible coût, tout en réduisant la visibilité naturelle d'éventuels sites indésirables.

- La présence d'extensions d'annonces en Zone Premium donne accès à des pages profondes du site pour les mettre en valeur (voir question 50).

- La remontée d'avis clients avec les fameuses étoiles placées à côté de l'annonce AdWords rassure l'internaute (voir question 59).

- Le fort taux de clic d'un mot-clé marque acheté améliore le Quality Score global de la campagne.

- Le coût d'un mot-clé marque est, dans la plupart des cas, très faible, car il n'a que peu de concurrence.

- Le suivi de l'évolution de votre notoriété est rendu possible par le biais de vos impressions (voir question 105).

L'inconvénient

- L'achat de la marque est un coût inutile quand le site est positionné en première position naturelle.

Comme vous le voyez, il y a donc de nombreux avantages à acheter sa marque, surtout depuis que Google permet à vos concurrents d'acheter la vôtre, même si ce n'est pas forcément légal (voir question 128). La figure suivante illustre la différence de lisibilité qui existe entre un lien naturel marque et son pendant sponsorisé.

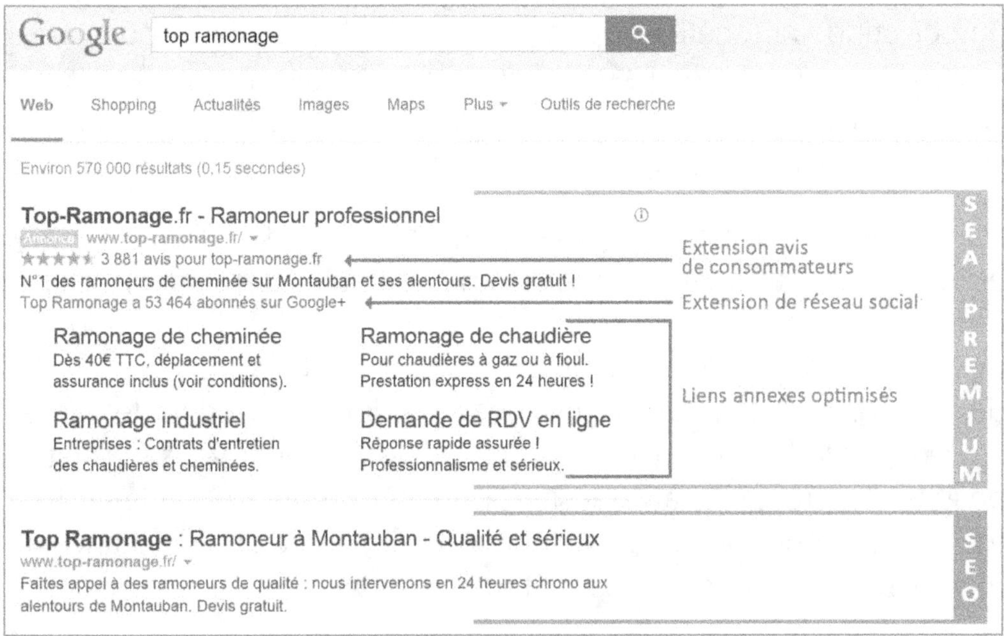

Exemple d'une page de résultats sur une requête marque

27 Est-il efficace d'investir dans les liens sponsorisés dans un objectif de visibilité/notoriété ?

Les liens sponsorisés sont reconnus pour être un fort générateur de trafic et de ventes. En revanche, sont-ils adaptés pour des annonceurs ayant un objectif de notoriété ? L'apport de visibilité via les liens sponsorisés alimente depuis longtemps un grand débat. Difficile en effet de savoir si la vue d'un lien sponsorisé, noyé parmi tant d'autres liens d'apparence semblable, peut faire connaître un annonceur.

Si le clic sur le lien donne à l'internaute l'occasion de visiter votre site, et donc potentiellement de se souvenir de votre site/marque, calculer l'impact réel de ces liens sponsorisés sur la notoriété d'un annonceur n'est pas chose facile. Des indicateurs web analytics (comme le taux de rebond, le nombre de pages vues et la durée moyenne des visites arrivées par le biais de vos liens sponsorisés) peuvent vous permettre de juger l'intérêt porté à votre site. Si vos performances sur ces indicateurs sont bonnes, vous pouvez estimer qu'il y a une grande chance de mémorisation de votre site par l'internaute.

Les AdWords constituent la plupart du temps un apport complémentaire à une campagne de notoriété plus classique (buzz, TV, affichage, etc.). Mais saviez-vous qu'AdWords permet aussi de mesurer l'évolution de la notoriété de votre marque ? Pour plus d'informations à ce sujet, rendez-vous à la question 105.

28 Quelle est la meilleure position d'annonce ?

Vous pensez que la meilleure position est toujours la première ? Pourtant, détrompez-vous !

En réalité, tout va dépendre de vos objectifs. Si vous visez une augmentation de trafic, alors la première position est sans doute la meilleure. Mais si vous recherchez la plus forte rentabilité, ce n'est pas aussi simple, car une première position peut vous coûter très cher et drainer du trafic non qualifié – par habitude, beaucoup d'internautes cliquent sur le premier lien de Google sans le lire. C'est d'ailleurs le principal risque de la position Premium (voir question 29).

La solution consiste donc à tester les différentes positions. En effet, il apparaît que, selon le secteur et le positionnement de votre site, la « meilleure » (c'est-à-dire la plus rentable) n'est pas toujours la même.

Alors, n'hésitez pas à vous fixer une position, gardez-la plusieurs jours et effectuez un constat de performance. Puis changez-en et analysez ce qui se passe ! Google vous offre désormais des clés pour comparer la performance de votre annonce en fonction de son emplacement sur une page de résultats de recherche (voir question 88).

Enfin, les plus aguerris peuvent également paramétrer la fonctionnalité de campagne test d'AdWords pour effectuer un test A/B sur deux enchères différentes pour un même mot-clé (voir question 111).

29 Faut-il viser à tout prix une position en Zone Premium ?

La Zone Premium est très convoitée par de nombreux annonceurs, car elle promet une visibilité bien supérieure aux positions de droite ou basses. Néanmoins, cet engouement est à modérer car, dans certains secteurs, une position Premium peut se révéler être une stratégie coûteuse et peu rentable.

En effet, beaucoup d'internautes ne font pas la différence entre les liens sponsorisés de cette zone et les liens naturels situés juste en dessous. Et comme ils cliquent également sur les premiers résultats sans vraiment lire entièrement les descriptions, certains annonceurs dépensent des sommes énormes en position Premium pour des clics qui ne sont pas toujours qualifiés.

Les taux de clic explosent donc, et par là même les dépenses, sans garantie que les conversions et la rentabilité soient au rendez-vous ! Pour vérifier si le trafic généré depuis la Zone Premium reste qualifié, gardez un œil sur votre taux de rebond grâce à un outil web analytics. Cet indicateur définit la part de vos visiteurs qui quittent votre site dès leur arrivée sur la page de destination. Il est complémentaire à la rentabilité pour juger de la qualité du trafic.

Dans certains cas, il est donc préférable de viser les positions de droite, là où les internautes lisent plus attentivement les annonces, plutôt que de viser à tout prix la Zone Premium.

Dans votre stratégie de positionnement, comment choisir entre la Zone Premium et la Zone latérale ? Google AdWords vous propose un rapport spécifique pour comparer les performances des différents emplacements. Celui-ci vous fournira des informations importantes comme le coût par conversion, le taux de clic et le taux de conversion en fonction de votre position, afin de vous aider à adapter votre stratégie (voir question 88).

30 Quelle est la différence entre un mot-clé générique et un mot-clé spécifique ?

Les mots-clés génériques sont des termes très fréquemment recherchés par les internautes, mais qui sont peu précis (par exemple, « voiture »).

Ils génèrent un fort trafic, mais souvent assez peu qualifié (dans notre exemple, on ne sait pas exactement ce que recherche l'internaute : se divertir ? s'informer ? acheter un véhicule ? si oui, quel modèle ?). C'est pour cette raison qu'ils ont des CPC moyens plus élevés et une forte concurrence.

A contrario, les mots-clés spécifiques sont très précis et donc très pertinents (par exemple, « achat voiture rouge d'occasion »). Le trafic qu'ils drainent est plus faible mais vraiment qualifié, avec des taux de conversion généralement plus élevés et des CPC moyens souvent moins chers étant donnée la faible concurrence. Ils permettent de travailler la longue traîne des liens sponsorisés (voir question 13).

Afin d'être plus précises, les requêtes spécifiques sont généralement composées d'un plus grand nombre de termes que les génériques. Les références de produits sont, par exemple, considérées comme des mots-clés spécifiques.

 **31 Quel est le moment le plus approprié pour lancer une campagne de liens sponsorisés ?**

La mise en place d'une campagne de liens sponsorisés est justifiée dans la plupart des situations, ne serait-ce que pour augmenter le trafic sur son site et accroître les conversions. Néanmoins, il existe des cas de figure particuliers qui sont encore plus propices au lancement d'une campagne SEA.

Tout d'abord, les liens sponsorisés sont parfaitement indiqués lors du lancement d'un site web. En effet, le référencement naturel n'est pas encore développé, et les liens commerciaux permettent d'attirer très rapidement les premiers visiteurs.

En suivant la même logique, les liens sponsorisés sont bien adaptés à la mise en avant d'un site événementiel. En effet, compte tenu de son aspect éphémère, il est important d'être réactif et d'attirer ses visiteurs dans un laps de temps très court. Sur ce type de site avec une durée de vie très limitée (quelques mois au maximum, généralement), le timing est souvent trop bref pour que le référencement naturel puisse substantiellement s'améliorer.

Enfin, si votre site n'est pas techniquement adapté au référencement naturel (par exemple, un site en Flash) ou tout simplement si votre SEO n'est pas du tout développé malgré vos efforts, les liens sponsorisés restent une bonne alternative, coûteuse certes mais efficace pour générer du trafic qualifié. Attention, si votre site est entièrement en Flash, Google vous imposera des CPC max très élevés au niveau de l'enchère minimum de première page.

 **32** # Comment mettre en place ma toute première campagne AdWords ?

Pour mettre en place votre première campagne, suivez les quelques étapes qui suivent.

1. Vous devez d'abord créer un compte sur l'interface AdWords. Pour cela, il vous faut un compte Google relié à un e-mail (pas forcément Gmail). Pendant la création, confirmez le pays, le fuseau horaire et la devise. Enfin, validez votre nouveau compte par le lien reçu dans l'e-mail.

2. Connectez-vous à votre compte nouvellement créé. Une page d'accueil s'affiche vous invitant à créer votre première campagne. Cliquez sur le bouton de création.

3. Nommez votre campagne et définissez les principaux paramètres. Pour une campagne de liens sponsorisés classiques, choisissez le type Réseau de recherche uniquement, en cochant l'option Toutes les fonctionnalités. Dans les stratégies d'enchères, cliquez sur «Je définis manuellement mes enchères pour les clics» et entrez votre budget quotidien dans la case associée. Ne modifiez aucune autre option et cliquez sur le bouton Enregistrer et continuer.

4. Créez votre premier groupe d'annonces et nommez-le. Définissez les mots-clés et le premier texte publicitaire qui le composeront. Remplissez les champs de votre annonce accompagnée d'une URL de destination. Dans la partie Mots-clés, ajoutez un terme par ligne en cohérence avec l'annonce définie. En fonction de l'URL de destination de celle-ci, Google vous suggérera également des mots-clés issus de votre site. Cliquez ensuite sur le bouton Enregistrer pour passer aux options de facturation.

5. La saisie des informations de facturation est indispensable pour diffuser vos annonces. Après avoir sélectionné votre pays, remplissez vos coordonnées ; choisissez votre moyen de paiement (voir question 134) et indiquez votre code promotionnel (pour en obtenir un gratuitement, consultez la question 146).

6. Une fois les conditions générales de vente d'AdWords validées, vos annonces sont prêtes à être diffusées. Vous accédez à la plate-forme d'AdWords telle que vous aurez l'occasion de l'utiliser.

Vos premières annonces sont maintenant diffusées sur vos premiers mots-clés !

Vous pouvez vous rendre dans votre première campagne, au sein de votre premier adgroup, et rajouter des mots-clés et des annonces. Je vous invite aussi à développer les groupes d'annonces de votre campagne, sur le même modèle que le premier. N'hésitez pas à créer également de nouvelles campagnes ; il ne vous reste plus qu'à dupliquer les étapes 3 et 4 autant de fois que vous le souhaitez.

Pour faciliter l'ajout d'éléments dans votre compte, je vous conseille d'installer rapidement le logiciel Google AdWords Editor (voir question 112). Vous gagnerez ainsi un temps précieux par rapport à l'utilisation de l'interface web d'AdWords.

 33 Quels sont les points à vérifier lors de la création de ma première campagne SEA ?

Voici une rapide check-list qui vous aidera à vérifier que vous n'avez rien oublié lors de la création de votre première campagne de liens sponsorisés.

- **Noms de vos campagnes/adgroups :** choisissez des noms pertinents représentant les mots-clés qui y sont développés ou la stratégie adoptée.

- **Capping budgétaire :** répartissez correctement votre budget total parmi vos campagnes afin d'éviter les mauvaises surprises, ou utilisez la fonctionnalité de budget partagé d'AdWords (voir question 21).

- **Choix du réseau :** avez-vous correctement paramétré le réseau Display (activé par défaut) ? Conseil : séparez les campagnes qui ciblent le réseau de recherche des campagnes Display.

- **Ciblage géographique :** assurez-vous qu'il est bien adapté au pays ou à la région que vous ciblez.

- **Ciblage linguistique :** là encore, vérifiez que le ciblage est en adéquation avec les visiteurs que vous ciblez. Pour viser les Français, je vous conseille de choisir le français et l'anglais. En effet, de nombreux Français ont un navigateur en langue anglophone et utilisent Google.com pour leurs recherches.

- **Ciblage par appareils :** vérifiez l'ajustement des enchères sur les appareils mobiles, en fonction de vos objectifs.

- **Options d'enchères :** les enchères automatiques (voir question 71) sont parfois sélectionnées par défaut et ne vous laissent pas la main sur les CPC max. Est-ce bien ce que vous souhaitez ?

- **Mode de rotation des annonces :** alterné ou optimisé ? Faites votre choix (voir question 61).

- **Date de fin de la campagne :** ne l'oubliez pas si votre campagne a une date de fin de diffusion définie.

- **Calendrier de diffusion :** souhaitez-vous modifier votre diffusion d'annonces en fonction des jours/heures ? Pour cela, rendez-vous en question 62.

Chapitre 3
Achat de mots-clés

34 Dois-je acheter les différentes déclinaisons de mes mots-clés avec et sans accent ?

Si, par exemple, vous achetez le mot «télévision» en ciblage Large, Google fait apparaître votre annonce sur ce mot, mais également sur ses déclinaisons sans accent, au pluriel et même, potentiellement, sur les synonymes (par exemple, téléviseur et TV). Et cela grâce à la fonctionnalité de l'Expanded Broad Match (voir question 42).

En revanche, si votre mot-clé est paramétré en ciblage Exact ou Expression, Google ne le fait initialement pas apparaître sur les déclinaisons en question. Vous êtes alors obligé de décliner le mot-clé au sein du même adgroup.

Sachez que Google a récemment changé quelques règles concernant les ciblages Exact et Expression. Désormais, ceux-ci afficheront par défaut vos annonces sur des déclinaisons simples des mots-clés achetés, à savoir les pluriels, les sigles ou les fautes d'orthographe ; les synonymes ne sont pas concernés.

Si vous souhaitez conserver la règle première des ciblages Exact et Expression, autrement dit n'afficher les annonces que sur les requêtes strictement identiques aux mots-clés achetés (voir question 40), rendez-vous dans les Paramètres de campagne pour modifier les Options de correspondance des mots-clés des Paramètres avancés (voir figure page suivante).

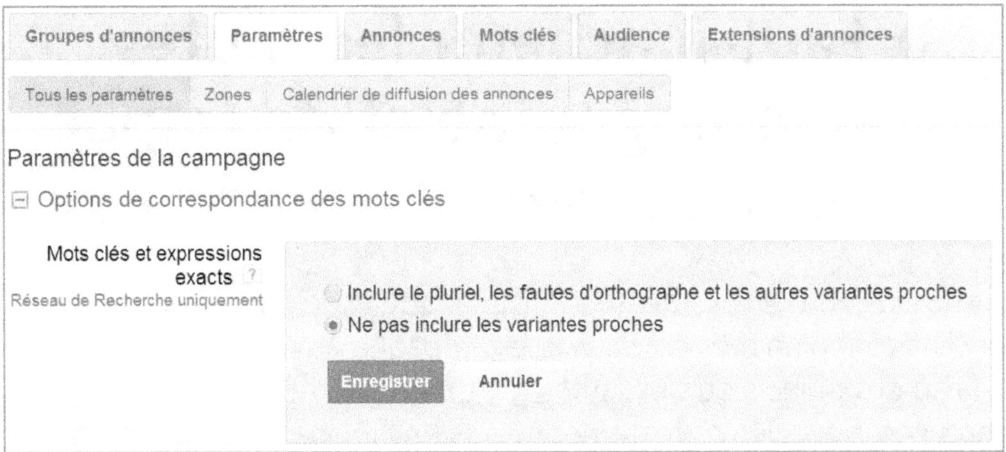

Modification du paramétrage de la règle des ciblages

Si cette fonctionnalité de Google permet d'élargir par défaut les ciblages les plus restrictifs et, théoriquement, de gagner du temps, elle a tout de même ses failles. Il est donc conseillé de développer manuellement sa campagne avec le maximum de déclinaisons d'un mot-clé – pensez aussi aux fautes d'orthographe courantes. Ce travail est certes fastidieux, mais vous vous assurez ainsi une couverture maximale avec votre campagne.

Pour vous aider, Google met à votre disposition des outils afin de trouver rapidement les déclinaisons de mots-clés les plus recherchées par les internautes : l'Outil de planification des mots-clés (voir question 114) et le Rapport sur les termes de recherche (voir question 87).

35 Faut-il acheter les fautes d'orthographe et de frappe sur AdWords ?

Jusqu'à récemment, il était très important de développer les différentes déclinaisons d'un mot-clé dans une campagne AdWords, que ce soit au niveau des pluriels ou des fautes d'orthographe et de frappe. En effet, seuls vos mots-clés correctement écrits en ciblage Large permettaient l'affichage de vos annonces sur des termes mal rédigés et non achetés.

Depuis peu, Google a changé ses règles en activant par défaut l'affichage des annonces sur des fautes courantes et des pluriels de mots-clés paramétrés en ciblages Exact et Expression. Par défaut, les fautes d'orthographe et de frappe sont donc désormais prises en compte sans qu'il soit nécessaire de les acheter en mots-clés.

Si ce processus fait gagner un temps précieux dans le développement de vos mots-clés, il n'en est pas moins infaillible, et certaines fautes ne sont pas prises en compte par l'algorithme de Google. Dès lors, il peut être intéressant de développer sa propre liste de mots-clés mal orthographiés. Dans ce cas, pensez à bien séparer les mots-clés correctement orthographiés dans un adgroup dédié. Vous éviterez ainsi d'utiliser la balise Keyword avec ces fautes, qui seraient alors automatiquement reprises dans l'annonce et pourraient véhiculer à l'internaute une mauvaise image de votre entreprise.

Cependant, il est toujours possible de désactiver cette nouvelle règle dans les Paramètres avancés de votre campagne, en décidant de ne pas inclure les variantes proches dans les Options de correspondance des mots-clés (voir question 34).

Comment choisir le CPC max de nouveaux mots-clés à mettre en ligne ?

Quand on ajoute de nouveaux mots-clés dans une campagne, il faut déterminer un CPC max. Mais comment fixer cette enchère quand on ne connaît pas la position ni le nombre de clics que l'on va obtenir ? Les CPC moyens sont en effet très changeants d'un secteur à l'autre, de quelques centimes à plusieurs euros pour le coût moyen d'un clic.

Pour évaluer le CPC moyen d'un secteur, vous pouvez utiliser l'Outil de planification des mots-clés d'AdWords (voir question 114) qui fournit des informations sur les CPC moyens des mots-clés entrés. Attention néanmoins à la fiabilité de ces informations (voir question 115).

Pour définir votre CPC max pour un nouveau mot-clé, voici la marche à suivre : optez pour une enchère moyenne (ni trop élevée, ni trop basse par rapport aux mots que vous achetez déjà) et activez la diffusion du mot-clé. Au bout d'un ou deux jours, vous aurez une vision précise du niveau de dépense de ce mot-clé à un tel CPC, ainsi que la position moyenne obtenue et le Quality Score attribué par AdWords. Ces informations vous aideront à adapter l'enchère de votre mot-clé en fonction de la position que vous visez et du budget que vous souhaitez allouer.

Google propose par ailleurs deux indicateurs après la mise en ligne d'un mot-clé :

- **Estimation d'enchère de première page :** indique le montant du CPC max nécessaire pour apparaître sur la première page de résultats, c'est-à-dire avant la 11e position.

- **Estimation d'enchère de haut de page :** précise le CPC max qu'il est nécessaire d'adopter pour apparaître en position Premium.

Attention, ces deux indicateurs se basent sur le Quality Score de votre mot-clé et sur la concurrence à un instant *t*. Ils ne garantissent donc pas un positionnement, mais permettent seulement de juger du niveau d'enchère que vous devez adopter en fonction de votre stratégie.

Enfin, Google propose un simulateur d'enchères, discrètement accessible dans l'interface via l'onglet Mots-clés ou Groupes d'annonces. Cliquez alors sur le petit pictogramme en forme de graphique présent sous votre enchère CPC max (voir figure ci-dessous).

Mot clé	État	CPC max.
mot clé	Éligible	0,30 €

Accès au simulateur d'enchères

Le simulateur d'enchères permet de visualiser l'impact d'une évolution de votre CPC max sur le trafic que vous allez générer. Ses informations sont basées sur les sept derniers jours de trafic ; elles ne sont pas disponibles si les données sont jugées insuffisantes ou si votre capping quotidien a été atteint pendant au moins une journée sur la période d'analyse. Attention, ce ne sont que des estimations et non une garantie de trafic de la part de Google.

Un graphique affiche des informations sur le trafic généré en fonction du CPC max indiqué (voir figure page suivante). En sélectionnant ce dernier et en cliquant sur le bouton Enregistrer, vous modifiez l'enchère de l'élément choisi. Sur les mots-clés recueillant le plus de trafic, Google simulera également l'apport d'une évolution du CPC en termes de conversion. Malheureusement, cet outil ne fournit pas de données sur la position obtenue en fonction de votre enchère.

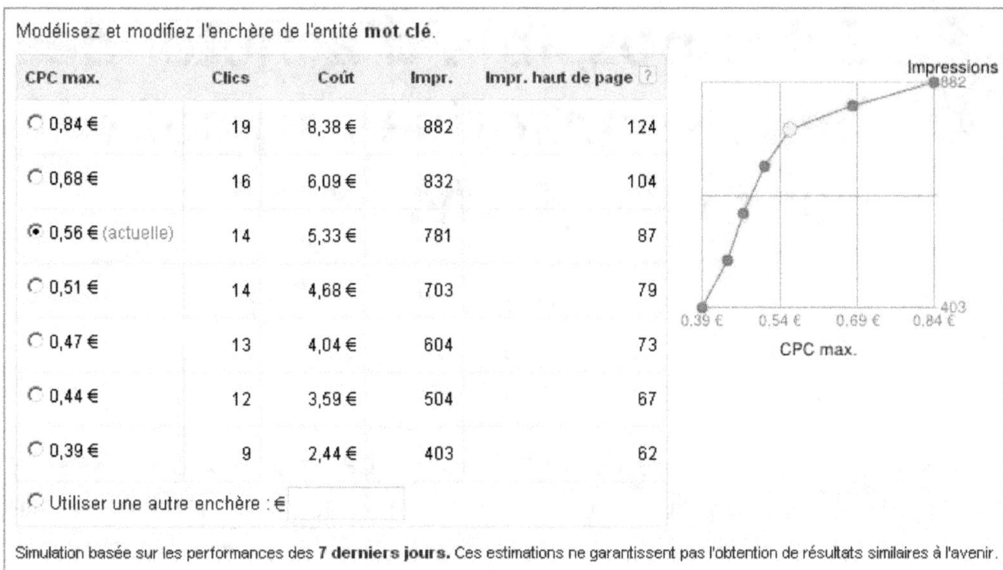

Aperçu du simulateur d'enchères

37 Est-il possible d'acheter des liens sponsorisés au coût par mille (CPM) ?

Avec le mode d'achat au coût par mille (CPM), vous payez au nombre d'affichages de la publicité, et non au clic. On affecte un coût à chaque fois que l'annonce est affichée un millier de fois.

Il est souvent utilisé en Display (affichage de bannières publicitaires sur des sites) ou en E-mailing, pour des problématiques de notoriété et de construction de marque, car il permet d'assurer une visibilité sans forcément rechercher un clic sur une bannière. Google ne fait pas exception à la règle en réservant le CPM à son offre de bannières et de liens contextuels via son réseau Display.

Avec le mode de tarification au coût par mille, il n'est donc pas possible d'acheter des liens sponsorisés classiques. Pour le paramétrer, rendez-vous dans les Paramètres de votre campagne Display, section Enchères et budget, et sélectionnez la stratégie d'enchères Priorité aux impressions.

38 Les doublons de mots-clés sont-ils nuisibles à ma campagne et comment les détecter dans mon compte ?

Quand on parle de doublons au sein d'un compte, il s'agit des mêmes mots-clés (quel que soit leur ciblage), présents dans plusieurs adgroups/campagnes. Même s'ils ne sont pas réellement préjudiciables aux performances de vos campagnes, ils compliquent considérablement votre gestion opérationnelle des mots-clés.

En cas de doublons, comment le moteur de recherche choisit-il l'annonce à afficher ? Il est évident qu'il ne va pas diffuser vos deux annonces et qu'il va devoir en préférer une. Ce choix se fait en fonction du positionnement du mot-clé et de son CPC. Même s'il est difficile de savoir à coup sûr quelle annonce Google va privilégier, il y a fort à parier qu'il affichera celle qui lui permettra de toucher le plus d'argent.

Pour éviter ce type de problème, Google propose un outil pour repérer et supprimer les doublons, via son logiciel AdWords Editor (voir question 112). Rendez-vous dans le menu Outils>Rechercher les mots-clés en double. Puis sélectionnez vos campagnes et le type de doublons que vous recherchez. Google les identifiera, vous permettant de les trier par performance et de supprimer les versions les moins efficaces.

39 Comment trouver de nouveaux mots-clés pertinents à ajouter à ma campagne ?

Une fois votre campagne lancée avec vos premiers mots-clés, Google AdWords vous fournit des outils afin de développer cette liste avec des termes pertinents. Pour ce faire, Google analyse le comportement des internautes ayant cliqué sur vos annonces, leurs requêtes, votre site web et les mots-clés sur lesquels vos concurrents sont présents pour vous en suggérer d'autres à insérer dans votre compte.

- Tout d'abord, Google AdWords suggère, via son menu **Opportunités** des modifications d'enchères (à la hausse), des modifications de ciblage, des ajouts d'extensions et, surtout, de nouveaux mots-clés. Une liste vous est proposée par adgroup, avec une estimation du coût, des impressions et des clics hebdomadaires supplémentaires. Il vous est ensuite possible d'analyser ces estimations, groupe d'annonces par groupe d'annonces, avec la possibilité de modifier la campagne, l'adgroup de destination et le CPC par défaut, mot-clé par mot-clé avant la mise en ligne. Je vous conseille de cocher toutes les idées de mots-clés et de cliquer sur Télécharger sous forme de fichier CSV, afin de traiter ces propositions dans Excel pour ensuite les intégrer via AdWords Editor.

- Ensuite, avec l'**Outil de planification des mots-clés**, vous obtiendrez des mots-clés générés depuis votre site, qui ne sont pas inclus dans votre campagne. Pour cela, il suffit d'entrer l'URL de la page d'accueil de votre site, de cliquer sur Obtenir des idées, et de vous rendre dans l'onglet Mots-clés. Par défaut, ceux déjà inclus dans votre compte ne sont pas présentés. Pour plus de détails sur l'utilisation de cet outil, rendez-vous à la question 114.

- Enfin, le **Rapport sur les termes de recherche** est particulièrement utile pour découvrir les requêtes ayant engendré l'affichage de vos annonces via des mots-clés en ciblage Large ou Expression. Si ces mots-clés sont pertinents (et performants), ils ont tout intérêt à être directement intégrés dans vos campagnes pour en maîtriser plus finement la diffusion et les coûts. Pour comprendre comment utiliser efficacement ce rapport, rendez-vous à la question 87.

- Si vous avez bien rempli vos campagnes et que vous estimez que votre compte possède déjà les mots-clés les plus pertinents, vous pouvez lancer une **campagne d'annonces dynamiques (DSA)** afin d'enchérir automatiquement sur des mots-clés non présents dans votre compte et issus de votre site. Pour en savoir plus, rendez-vous à la question 124.

- Enfin, le rapport utilisant vos **mots-clés positionnés en référencement naturel** peut vous suggérer d'acheter ces requêtes pour augmenter votre trafic et potentiellement vos conversions. Ce rapport est détaillé à la question 110.

Chapitre 4
Ciblage des mots-clés

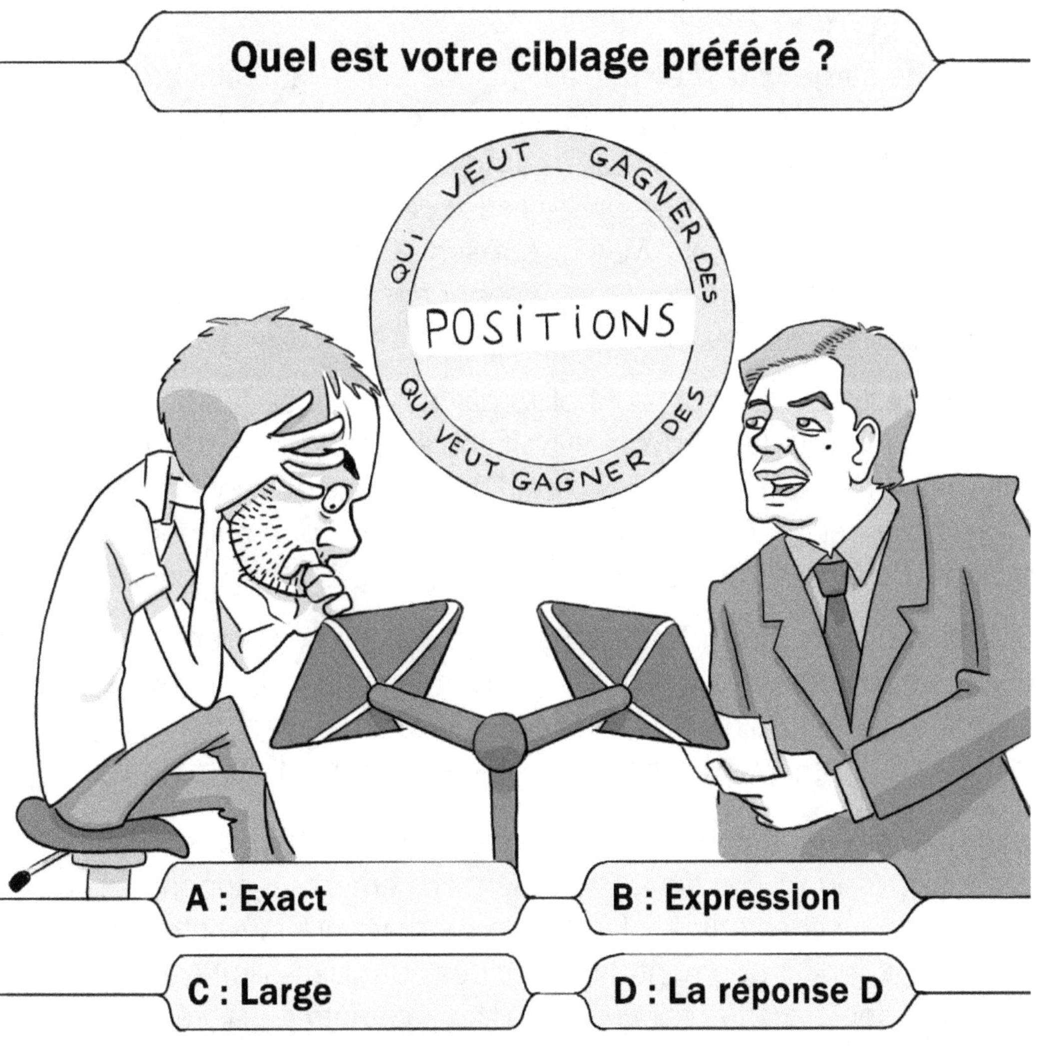

40 À quoi correspondent les ciblages Exact, Expression et Large des mots-clés ?

Trois ciblages de base des mots-clés permettent de définir les règles de diffusion de votre annonce, en fonction de la requête de l'internaute et du mot-clé que vous avez acheté.

- Le **ciblage Large** (*Broad* en anglais, ciblage par défaut) affiche votre annonce si la requête de l'internaute contient le(s) mot(s) que vous avez acheté(s), sans prendre en compte l'ordre d'apparition ni la présence d'autres termes accolés. Il active également ce que Google appelle l'Expanded Broad Match, qui sert à afficher automatiquement votre annonce sur des synonymes et des déclinaisons des mots achetés (voir question 42).

- Le **ciblage Exact** (ciblage symbolisé par des crochets entourant le mot-clé dans l'interface AdWords) n'affiche votre annonce que dans le cas où l'internaute recherche strictement la requête que vous achetez. Dans son fonctionnement initial, il n'expose pas votre annonce à la moindre différence, même mineure (pluriel, faute d'orthographe, etc.).

- Le **ciblage Expression** (*Phrase* en anglais, ciblage symbolisé par des guillemets entourant votre mot-clé) est intermédiaire. L'annonce s'affiche si les termes du mot-clé acheté sont strictement recherchés dans le même ordre et, éventuellement, précédés ou suivis d'autres termes.

Google a récemment modifié le fonctionnement par défaut des ciblages Exact et Expression. Désormais, ils diffusent également les annonces sur les variantes proches (pluriel, fautes d'orthographe, sigles, etc.). Pour revenir à leur fonctionnement initial, rendez-vous dans les Paramètres de la campagne de votre choix. Puis dans les Paramètres avancés, modifiez les Options de correspondance des mots-clés.

Sachez enfin qu'une fonctionnalité de ciblage avancé a été lancée par Google en 2010, permettant de conserver les avantages du ciblage Large tout en supprimant les effets de l'Expanded Broad Match. Il s'agit du Modificateur de requête large, également appelé ciblage «Large modifié» (voir question 43).

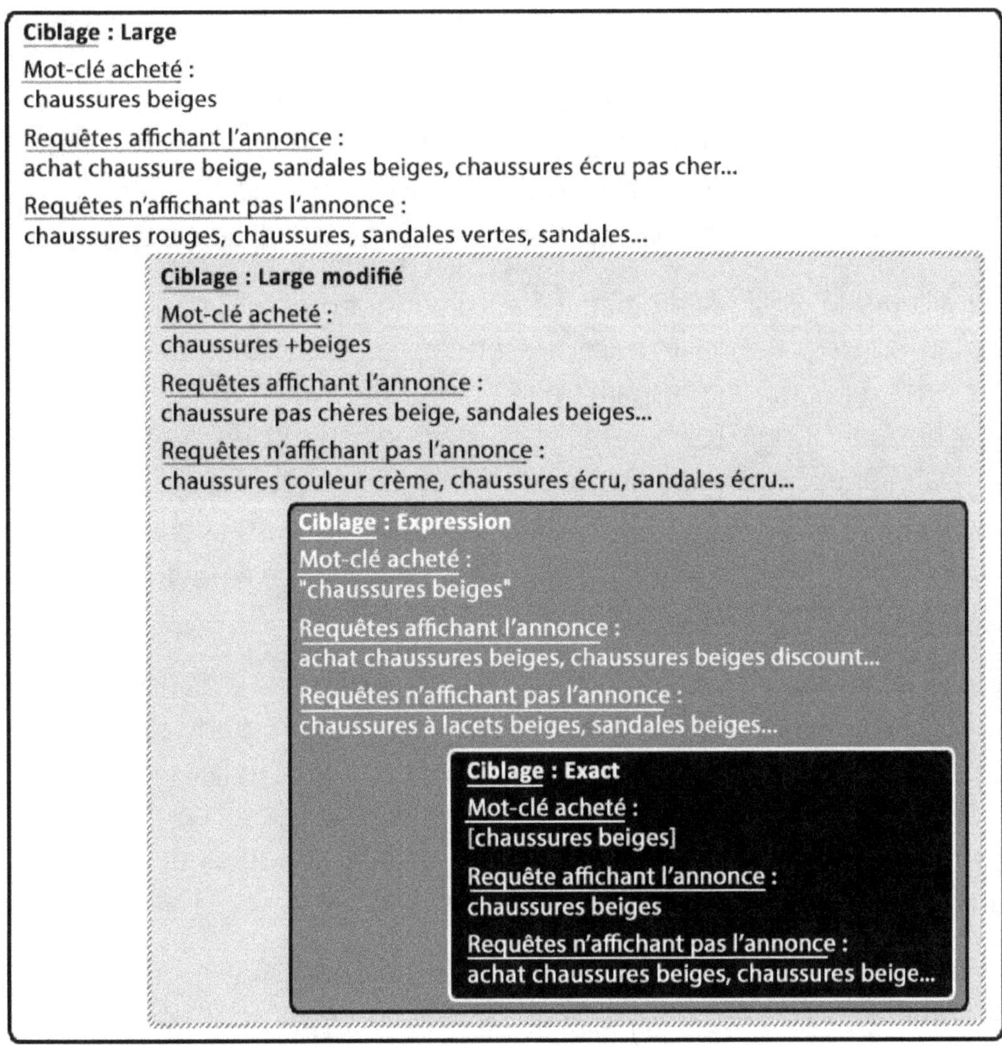

Illustration des différents ciblages

Quelles sont les spécificités du ciblage Large ?

Le ciblage Large affiche votre annonce sur beaucoup de requêtes, bien plus nombreuses que le seul mot-clé acheté dans ce ciblage. Ainsi, elle apparaîtra non seulement sur le mot-clé acheté, mais aussi sur toutes les requêtes comprenant les termes du mot-clé, quel qu'en soit l'ordre, accompagnés d'autres mots. Par exemple, le terme « ordinateur windows » en ciblage Large permet à l'annonce d'apparaître sur les requêtes « achat ordinateur windows » et « windows ordinateur ».

Par ailleurs, le ciblage Large active automatiquement l'Expanded Broad Match, une fonctionnalité qui élargit encore la zone de diffusion de votre annonce, en la faisant apparaître sur des mots jugés sémantiquement proches par Google (par exemple, synonymes ou termes avec le même radical). Par exemple, pour le mot « ordinateur » acheté en ciblage Large, il y a de fortes chances pour que votre annonce s'affiche également sur des requêtes comprenant le terme « PC ». Vous trouverez plus d'informations sur l'Expanded Broad Match à la question 42.

Cette fonctionnalité est intéressante, car elle autorise l'annonceur à faire apparaître sa publicité très rapidement pour un grand nombre de requêtes d'internautes impossibles à cibler en amont et liées au mot-clé acheté. Mais attention, elle n'en reste pas moins risquée, car Google ne communique pas sur son algorithme et sur sa façon de juger les termes qu'il considère comme sémantiquement « proches ».

Dès lors, si vous configurez des mots-clés en ciblage Large, restez vigilant sur les requêtes conduisant à l'impression de vos annonces. Pour cela, le Rapport sur les termes de recherche vous sera très utile (voir question 87).

42 Pourquoi Google fait-il apparaître mon annonce sur des requêtes différentes des mots-clés achetés ?

Vous remarquerez, en consultant le Rapport sur les termes de recherche, que Google enregistre des impressions et des clics sur des requêtes bien différentes de celles achetées dans votre compte. C'est l'effet de votre ciblage Large et de ce qu'on appelle l'Expanded Broad Match.

Cette fonctionnalité d'AdWords s'active automatiquement sur les mots-clés en ciblage Large. Son principe est d'afficher vos annonces sur des termes différents de ceux que vous avez achetés, mais qui sont jugés sémantiquement proches par l'algorithme d'AdWords. L'Expanded Broad Match est intéressant pour les annonceurs qui souhaitent une couverture la plus large possible. Par exemple, pour le mot «vehicule» en ciblage Large, il est probable que Google vous fasse apparaître sur les requêtes «véhicules» (déclinaison pluriel/accentuée), mais aussi sur celles composées des termes «automobile» et «voiture» (synonymes).

Mais attention, l'algorithme d'AdWords est loin d'être infaillible et il n'est pas rare de constater des impairs, car il n'existe aucun moyen de maîtriser a priori les mots-clés jugés proches. Ainsi, si vous achetez le terme «lave-linge» en ciblage Large, Google pourra juger le mot «sèche-linge» sémantiquement proche, alors que les produits sont bien différents !

Si vous préférez que Google n'affiche plus votre publicité sur un mot-clé trop éloigné, trois solutions s'offrent à vous : changer le ciblage de vos mots-clés (vers Expression ou Exact), ajouter le(s) terme(s) incriminé(s) en mots-clés exclus, ou utiliser le Modificateur de requête large (voir question 43) afin de conserver les avantages du ciblage Large tout en supprimant l'effet de l'Expanded Broad Match.

43 Qu'est-ce que le Modificateur de requête large et comment l'utiliser ?

Vu que le ciblage Large d'AdWords permet d'apparaître sur des déclinaisons éloignées de mots-clés (voir question 42), Google a ajouté dans son système une fonctionnalité de ciblage avancé, sous la forme du Modificateur de requête large.

Ce nouveau ciblage, que l'on nomme «Large modifié», se situe à mi-chemin des ciblages Expression et Large, gardant les avantages de ce dernier (voir question 41), notamment l'apparition sur des variantes proches (déclinaisons pluriel/accentuées) et issues d'un même radical. En revanche, l'affichage de l'annonce sur des variantes plus éloignées (synonymes) sera désactivé (voir figure de la question 40). Le trafic sera moins important mais plus qualifié.

Le Modificateur de requête large n'est pas réellement un ciblage à part entière ; c'est plutôt un paramètre qui se rajoute sur un mot-clé en ciblage Large. Son utilisation diffère donc de celle des ciblages classiques.

Il peut s'appliquer sur chacun des termes composant la requête achetée, en ajoutant un signe + devant le terme à modifier. Par exemple, avec le mot-clé «chaussures beiges» en Large, vous pouvez apparaître sur la requête «chaussure beige» ou même «sandales écrues». Avec le ciblage Large modifié sur les deux termes du mot-clé, «+chaussures +beiges», vous pouvez toujours apparaître sur la requête «chaussure beige» (singulier = variante proche), mais plus sur «sandales beiges», ni même «chaussures écrues» (synonyme = variante éloignée).

Il est aussi possible d'ajouter un signe + devant un seul des termes de la requête. Si, dans notre exemple, vous achetez le mot-clé «chaussures +beiges», vous ne pourrez pas apparaître sur «chaussures écrues». En revanche, le ciblage Large modifié n'ayant pas d'impact sur le premier terme, votre annonce s'affichera sur la requête «sandales beiges».

44 Comment faire pour ne pas afficher mon annonce sur certains mots-clés ?

Votre annonce apparaît sur les mots-clés achetés. En les définissant en ciblage Large ou Expression, vous autorisez Google à afficher vos annonces sur des expressions associées (ou relatives) aux termes strictement achetés (voir question 40), qui ne sont pas forcément toutes pertinentes pour votre campagne. Comment faire alors si un ou plusieurs termes ne vous conviennent pas ?

Voici un cas pratique pour mieux comprendre : vous vendez sur votre site web des logiciels en téléchargement payant. Vous pouvez donc légitimement acheter l'expression «téléchargement logiciel» en ciblage Large ou Expression pour viser le maximum d'internautes. Le problème, c'est que ceux qui recherchent «téléchargement logiciel gratuit» verront également vos annonces, alors qu'elles ne sont pas du tout pertinentes dans ce cas précis.

Pour remédier à ce problème, Google propose d'ajouter des mots-clés exclus (également appelés «négatifs»). Ils ont une importance primordiale dans l'optimisation de votre campagne, car vous pourrez ainsi définir des requêtes pour lesquelles vous ne souhaitez surtout pas diffuser d'annonces (et donc ne pas dépenser d'argent).

Dans notre exemple, l'ajout du terme «gratuit» en négatif va donc optimiser vos performances en vous coupant volontairement de ce trafic non qualifié. Vous améliorerez ainsi le taux de clic de votre annonce et le Quality Score tout en diminuant vos coûts.

Sachez enfin que l'ajout de mots-clés exclus est gratuit, vu qu'il ne s'agit pas de mots-clés au sens où on l'entend habituellement, comme ceux que l'on achète. Ils limitent en effet juste la diffusion d'annonce.

45 Comment identifier les mots-clés à exclure d'une campagne ?

Pour déterminer les bons mots-clés à exclure, qui vous éviteront de payer un trafic non qualifié, plusieurs outils s'offrent à vous.

- Le moteur de Google, avec sa fonctionnalité de **suggestion automatique**. Quand vous effectuez une recherche sur Google, le moteur va automatiquement vous proposer des associations de termes liés à votre requête, basées sur les demandes les plus fréquemment saisies par les internautes. Utilisez les suggestions pertinentes pour alimenter vos mots exclus.

- L'**Outil de planification des mots-clés** de Google : pour trouver de nouveaux mots-clés liés à des termes particuliers (voir question 114).

- Le **rapport sur les termes de recherche** ayant généré des clics sur vos annonces (par exemple, via un ciblage Large). Vu que les informations proviennent de votre propre compte, il s'agit de la source la plus fiable pour déterminer les négatifs à exclure de votre campagne.

  Pour le générer, cliquez sur la campagne et/ou l'adgroup de votre choix. Sélectionnez votre période et rendez-vous dans l'onglet Mots-clés, puis cliquez sur Afficher les termes de recherche>Tous. Enfin, intéressez-vous aux termes n'affichant pas la notion Ajouté, c'est-à-dire à ceux qui ne sont pas déjà présents au sein de votre campagne. Vous trouverez plus d'informations sur l'utilisation de ce rapport à la question 87.

46 Peut-on exclure des termes au niveau d'une campagne ? d'un adgroup ? d'un seul mot-clé ?

Les mots-clés négatifs peuvent être ajoutés à trois niveaux dans votre compte. Tout d'abord, si vous choisissez de les exclure au niveau d'une campagne, tous les adgroups, mots-clés et annonces de celle-ci seront concernés par l'exclusion des termes choisis. C'est une façon très large d'exclure des mots-clés.

Il est ensuite possible d'exclure des requêtes de façon plus fine, au niveau d'un adgroup. Ainsi, seuls les mots-clés et les annonces de cet adgroup seront concernés par l'interdiction d'affichage liée aux mots négatifs.

Pour gérer l'exclusion des mots-clés sur ces deux niveaux sur Google AdWords, rendez-vous dans l'onglet Mots-clés et déroulez le menu Mots-clés à exclure, en bas du rapport.

Enfin, sachez qu'il n'est pas possible d'exclure un terme au niveau d'un seul mot-clé (sauf si, bien sûr, ce dernier est seul dans son adgroup). En revanche, vous pouvez exclure une liste de mots-clés pour plusieurs campagnes à la fois, via la fonctionnalité des Mots-clés exclus partagés. Pour cela, rendez-vous dans le menu latéral gauche intitulé Bibliothèque partagée (sous la liste des campagnes) et cliquez sur Mots-clés à exclure au niveau des campagnes. Créez et nommez une liste de termes à exclure, indiquez un mot-clé exclu par ligne, puis associez cette liste aux campagnes désirées.

47 Existe-t-il des ciblages pour les mots-clés exclus ?

Même si ce sont des paramétrages très subtils de vos campagnes, il existe bien des ciblages propres à vos mots-clés négatifs. Ils se calquent sur les ciblages des mots-clés que vous achetez, et leur fonctionnement est similaire.

- Le ciblage **Exclu Large** (par défaut) prend en compte tous les mots comprenant l'expression à exclure, quel que soit leur ordre de saisie par l'internaute. Par conséquent, vos annonces n'apparaîtront pas s'il tape les mots de votre expression exclue.

- Le ciblage **Exclu Expression** empêche la diffusion de votre annonce si la requête tapée par l'internaute comprend l'expression négative, et ce, même si d'autres termes sont ajoutés avant et après.

- Le ciblage **Exclu Exact** contrôle avec précision le non-affichage de vos annonces, en sélectionnant un mot-clé qui, parfaitement saisi par l'internaute, empêchera l'apparition de votre publicité.

Si un terme n'est pas pertinent pour l'intégralité de vos mots-clés, ajoutez-le uniquement en ciblage Exclu Large (par exemple, « gratuit » pour un site de téléchargement payant de logiciels). En revanche, si le mot à exclure comprend un ou plusieurs termes que vous avez achetés, ajoutez l'intégralité de la requête en ciblage Exclu Expression ou Exclu Exact pour vous assurer de ne pas agir involontairement sur l'affichage des termes pertinents.

Chapitre 5

Annonces

Comment ça, une annonce AdWords est limitée en caractères ? Mais comment vais-je faire pour dire que je suis le meilleur, le moins cher, avec un large choix garanti 2 ans, en livraison gratuite en Île-de-France, que mon concurrent est nul, que nous avons 8 magasins et des conseillers aimables et professionnels pour recevoir nos clients ?

 # 48 De quoi est composée une annonce sponsorisée ?

L'annonce est le texte publicitaire affiché sur les pages de résultats de recherche à des emplacements spécifiques, sur lequel les internautes peuvent cliquer pour se rendre sur le site de l'annonceur.

Elle se compose de quatre parties distinctes. Trois éléments sont visibles par l'internaute : le titre (en bleu), la description (en noir) – sur deux lignes de caractères, sauf pour les annonces en position Premium où les lignes sont juxtaposées – et l'URL d'affichage (en vert). Enfin, une URL de destination est obligatoire pour chaque annonce.

Titre de l'annonce
www.url-d-affichage.com ▾
Description de l'annonce
sur 2 lignes de caractères.

Exemple d'annonce sponsorisée

Sur une annonce sponsorisée classique, seul le titre est cliquable, et tous les mots qui s'avèrent identiques à ceux figurant dans la requête de l'internaute, ou jugés proches, se trouvent en gras. Mais sachez que Google teste régulièrement de nouvelles manières d'afficher les annonces : il est donc possible de voir apparaître des titres soulignés, ou encore une URL d'affichage sous la description de l'annonce.

 49 · Combien de caractères peut contenir une annonce ?

Selon le moteur de recherche sur lequel vous annoncez, les règles éditoriales diffèrent légèrement concernant le nombre de caractères autorisé.

Sur Google, le titre peut comporter jusqu'à 25 caractères, les deux lignes de description 35 chacune (soit 70 caractères au total) et l'URL d'affichage 35 (nom de domaine compris).

Même si Yahoo! et Bing sont gérés par une même régie, l'affichage de leurs annonces sponsorisées diffère quelque peu. En effet, les deux moteurs donnent à l'annonceur la possibilité d'inclure un caractère supplémentaire dans leur champ de description, qui est paramétré sur une seule ligne.

Limites de caractères des annonces par moteur

 **50** # Comment puis-je obtenir des liens supplémentaires sous mon annonce AdWords ?

Vous avez sans doute remarqué que certaines annonces placées en position Premium (c'est-à-dire au-dessus des résultats naturels) disposent de sous-liens bleus juste en dessous de l'annonce. Il s'agit de liens annexes (*Ad Sitelinks* en anglais), disponibles sur les régies Google AdWords et Bing Ads. Détaillons plus précisément les possibilités offertes par Google.

Ces liens, qui sont au nombre de six maximum sous une même annonce, sont accessibles à tous et s'affichent uniquement dans les positions Premium. Ils se définissent au niveau de la campagne ou de l'adgroup, dans un onglet Extensions d'annonces qui leur est propre. De cette manière, il est facile d'ajouter une extension et de choisir le texte du sous-lien (25 caractères au maximum), ainsi que son URL de destination.

Il est aussi possible de saisir une description sur deux lignes de 35 caractères chacune, qui sera potentiellement reprise sous chaque lien pour en faire un lien annexe optimisé (voir figure page suivante).

Des dates de début et de fin de diffusion peuvent être planifiées, ainsi qu'un Calendrier de diffusion propre au lien annexe.

Une fois paramétrés, ces liens annexes peuvent être programmés pour n'apparaître que sur les ordinateurs et les tablettes, ou uniquement sur les téléphones portables. Mais par défaut, ils sont visibles sur tous les appareils.

Annonce Premium avec Liens annexes classiques :

Clés USB 64 go dès 29,99€ - clesusbpascheres.fr
Annonce www.clesusbpascheres.fr/64go ▾
★★★★★ 1 867 avis pour clesusbpascheres.fr
Clés USB livrées en 48H. Livraison gratuite !

Disques durs externes	Vente Flash PC / Mac
Clés USB 128 go dès 49€	60 modèles de Tablettes

Annonce Premium avec Liens annexes optimisés :

Clés USB 64 go dès 29,99€ - clesusbpascheres.fr
Annonce www.clesusbpascheres.fr/64go ▾
★★★★★ 1 867 avis pour clesusbpascheres.fr
Clés USB livrées en 48H. Livraison gratuite !

Disques durs externes	**Vente Flash PC / Mac**
80 références de Disques durs externes dès 39€, Livraison offerte	Jusqu'à ce soir, -30% sur une large sélection de PC et Mac en Promo
Clés USB 128 go dès 49€	**60 modèles de Tablettes**
Toutes les marques au meilleur prix Clés USB grande capacité	Grand choix de Tablettes tactiles Economisez 10€ avec le code Reduc10

Différences entre liens annexes classiques et optimisés

Initialement, les groupes d'annonces affichent les liens annexes déterminés au niveau de la campagne. Pour que ces derniers soient plus précis, saisissez-les au niveau de l'adgroup : ils seront ainsi prioritaires dans l'affichage par rapport à ceux fixés au niveau de la campagne. Vous avez également la possibilité de bloquer l'affichage de tout lien annexe d'un groupe d'annonces en sélectionnant l'option Désactiver les extensions Liens annexes.

Jusqu'à dix liens sont paramétrables par niveau de structure, mais Google ne les affiche pas forcément tous. Il effectue en effet une sélection en fonction de leur ordre et de leur performance (taux de clic, longueur, etc.). L'interface précise également les performances de chacun des liens annexes.

Il faut savoir qu'un clic sur un lien annexe coûte autant que celui sur le lien principal, et que l'utilisation d'un point d'exclamation est interdite dans un lien annexe, de même que la balise Keyword. Par ailleurs, l'URL de redirection doit rediriger l'internaute vers une page différente de celle de l'URL de destination principale de l'annonce ou de celle d'un autre lien annexe.

Sur Bing Ads, les possibilités des liens annexes, également appelées « Extensions de liaisons de sites », sont pour l'instant plus limitées : seuls 35 caractères sont disponibles par lien, sans description ni possibilité de planification, et uniquement au niveau de la campagne.

Remarquez qu'il existe également d'autres types d'extensions d'annonces sur AdWords.

- **Extension de lieu :** affichage d'une adresse de magasin dont le clic redirige vers une carte Google Maps pour présenter le point de vente le plus proche de l'internaute. Cette extension est l'une des rares à être également affichée en Zone latérale.

- **Extension de produits :** affichage de produits référencés dans Google Shopping. Elle a été supprimée en 2013 au profit d'un nouveau type de campagne : les campagnes Shopping, aussi appelées PLA (voir question 122).

- **Extension d'appel :** ajout du numéro de téléphone pour appel immédiat depuis un mobile.

- **Extension de réseau social :** ajout d'un lien d'accès à votre compte Google+ et du nombre d'internautes qui ont encerclé votre page. Le clic sur ce lien est gratuit.

- **Extension d'application :** ajout sur mobile ou tablette d'un lien direct vers le téléchargement de votre application mobile.

- **Extension pour les offres :** ajout d'un lien vers une offre promotionnelle sur vos produits.

- **Extension d'avis :** ajout d'un avis positif sur votre site exprimé par un site tiers.

Notez enfin que Google met régulièrement à jour ses extensions d'annonces et que la création de nouveaux types d'extensions est l'innovation principale d'AdWords ces dernières années en vue d'augmenter l'attrait de la Zone Premium.

51 Pourquoi mon annonce ne s'affiche-t-elle pas sur un mot-clé acheté ?

Plusieurs raisons peuvent expliquer ce constat.

- Certaines publicités restent bloquées quelques heures avant de passer en révision éditoriale. Si vous venez tout juste de mettre en ligne votre annonce, soyez donc indulgent avec les serveurs des régies, qui pourront prendre quelques minutes à l'activer.

- Si le mot-clé acheté possède un volume de recherche jugé trop faible par Google, il est possible que ce dernier ne diffuse pas votre annonce sur cette requête.

- Cette absence d'affichage peut être également liée au positionnement de votre annonce. En effet, si votre CPC est trop faible et/ou si votre Quality Score est trop bas, vous n'apparaîtrez pas sur la première page de résultats sponsorisés. Dans ce cas, vous devez donc vérifier l'estimation d'enchère minimum de première page fournie par AdWords.

- Vérifiez aussi qu'un mot-clé exclu au niveau de la campagne ou de l'adgroup n'empêche pas l'affichage de votre annonce sur un mot-clé.

- Assurez-vous enfin que votre ciblage géographique, linguistique ou par appareil et votre Calendrier de diffusion ne limitent pas l'affichage de votre annonce.

Dans le cas où vous avez aperçu votre annonce, mais qu'elle a ensuite disparu, vérifiez tout d'abord que votre budget quotidien n'est pas atteint, puis que votre campagne, adgroup ou mot-clé n'est pas désactivé, ou votre annonce refusée par les services éditoriaux de la régie publicitaire (voir question 52).

Si vous souhaitez contrôler l'affichage de vos annonces, je vous conseille l'Outil de prévisualisation des annonces Ad Preview (voir question 116).

Combien de temps faut-il à Google pour mettre en ligne mon annonce ?

En règle générale, Google active très rapidement une annonce, via un processus automatique qui ne requiert aucune intervention humaine. C'est le cas si cette annonce ne comprend pas de marques protégées ou de mots jugés sensibles (qui nécessitent alors une révision éditoriale manuelle) : dans ces conditions, elle sera mise en ligne au bout de cinq minutes environ.

En revanche, lorsqu'une validation éditoriale est nécessaire, celle-ci peut prendre plusieurs jours, surtout si vous ajoutez des annonces en dehors des périodes ouvrées (par exemple, dimanche, jour férié, etc.) Pensez-y avant de vous inquiéter des délais de validation.

Si votre annonce a été validée automatiquement en quelques minutes, gardez tout de même à l'esprit que cela n'empêchera pas les équipes éditoriales de Google de la contrôler manuellement et de potentiellement la refuser a posteriori.

Dans le cas où votre annonce serait refusée, vous recevrez un e-mail de notification automatique vous en expliquant les raisons. Dans l'onglet Mon compte, pensez à contrôler dans vos paramètres de notification que les Alertes relatives aux annonces refusées sont bien définies avec la mention Tous.

Dans l'interface AdWords, pour savoir quelles annonces ont été refusées, rendez-vous dans l'onglet Annonces et créez un nouveau filtre avec l'état d'approbation Refusée (voir figure page suivante). Toutes les annonces rejetées seront alors affichées.

Utilisation du filtre pour afficher les annonces refusées

 53 Qu'est-ce qu'une balise Keyword et comment fonctionne-t-elle ?

Une balise Keyword est une fonctionnalité très intéressante, officiellement appelée Outil d'insertion de mots-clés, qui a été mise en place par les régies publicitaires sur les annonces textuelles. Comment fonctionne-t-elle ?

Il s'agit de reprendre automatiquement au sein de l'annonce le mot-clé acheté (quand c'est possible) et de le mettre en gras. L'objectif est de rendre l'annonce plus attrayante pour l'internaute, qui aura ainsi l'impression de trouver sur celle-ci ce qu'il souhaite, puisqu'elle reprend les termes de sa recherche. Dans de nombreux cas, cela améliore le taux de clic.

Pour utiliser cette fonctionnalité, il suffit d'ajouter une balise dans votre annonce (dans le titre, la description ou l'URL d'affichage), personnalisée par le « mot par défaut ». Concrètement, il faut inclure {Keyword:mot par défaut} dans votre annonce.

À retenir :

- Ce sont des accolades qui entourent la balise et non des crochets.

- Il n'y a pas d'espace avant et après le deux-points (:).

- Le mot par défaut est le terme repris dans l'annonce si le mot-clé à insérer est trop long pour y être intégré. Il est également réutilisé dans les annonces de liens contextuels. Il est obligatoire !

- La limite du nombre de caractères de chacun des éléments de l'annonce ne prend pas en compte la balise, hormis les caractères du mot par défaut.

- C'est le mot-clé acheté ayant généré l'impression de l'annonce qui sera réemployé dans la balise Keyword, et non la requête de l'internaute. Avec les différents ciblages, il est en effet fréquent que la requête exacte de recherche diffère du mot-clé acheté ; prenez donc cette information en compte dans votre utilisation de la balise.

De plus, le mot Keyword est invariable, mais la balise possède des subtilités qui vous seront parfois utiles pour vous démarquer de la concurrence. Il est ainsi possible de moduler l'affichage du mot-clé réutilisé dans l'annonce en modifiant les majuscules du mot Keyword (avant les deux points). Il existe en effet différentes façons d'écrire ce terme avec une incidence directe sur votre annonce (voir tableau ci-dessous).

Format d'écriture de « keyword »	Exemple avec le mot-clé acheté « chaussures rouges »	Impact sur le mot-clé repris dans l'annonce
keyword	chaussures rouges	Mot-clé repris en minuscules
Keyword	Chaussures rouges	Première lettre du premier terme en majuscule
KeyWord	Chaussures Rouges	Première lettre de chacun des termes en majuscule
KEYWORD	Chaussures Rouges	

Impact du format d'écriture de la balise Keyword

Le format du terme Keyword n'aura pas d'incidence sur l'affichage du mot par défaut, qui apparaîtra tel qu'il aura été écrit dans l'annonce. Si vous le souhaitez, pensez à ajouter une majuscule au début de chaque terme du mot par défaut.

Par ailleurs, faites attention aux effets collatéraux d'une balise d'insertion de mots-clés. En effet, si dans vos campagnes, vous achetez des mots-clés comprenant des fautes d'orthographe ou de frappe, ces derniers seront repris tels quels dans une balise Keyword, ce qui peut véhiculer une mauvaise image de votre entreprise.

54 Dois-je mettre une balise Keyword dans chacune de mes annonces ?

La balise Keyword apparaît comme séduisante sur le papier, puisqu'elle permet de reprendre automatiquement la requête de l'internaute dans une ou plusieurs parties de l'annonce. Mais, comme toute fonctionnalité utile et complexe, elle est souvent employée à tort et à travers.

Il est donc important de réfléchir aux mots-clés achetés dans l'adgroup, afin de prévoir les annonces qui seront vues par les internautes. Par exemple, il semble cohérent d'inclure dans un même groupe d'annonces les mots-clés « chaussures » et « achat chaussures ». Mais l'utilisation d'une balise Keyword devient bien plus compliquée pour trouver une tournure de phrase acceptant grammaticalement la reprise de ces mots-clés.

Dans l'exemple précédent, avec une première ligne de description simple du type « Grand choix de {Keyword:chaussures} », la reprise des mots-clés donnera « Grand choix de Chaussures » et « Grand choix de Achat chaussures ».

On constate que la seconde formulation ne donne pas une phrase grammaticalement correcte. Avec des mots-clés différents (certains commençant avec un verbe, d'autres ne comprenant qu'un nom, etc.), il est conseillé d'employer la balise Keyword seule dans le titre.

Attention, chaque annonce doit être attractive pour sortir du lot. Aussi ne généralisez pas l'utilisation de la balise Keyword dans les titres des annonces d'un adgroup, pour éviter qu'elles soient trop similaires.

 55 Comment afficher en gras les termes dans mon annonce ?

Dans vos annonces, les mots apparaissent automatiquement en gras quand ils appartiennent à la requête de l'internaute. Cette partie de votre annonce est donc plus visible et peut améliorer le taux de clic.

Il est possible d'afficher des éléments en gras dans toutes les parties de votre annonce : le titre, la description et l'URL d'affichage. Mais comment faire ? Il existe pour cela deux méthodes :

- utilisez une balise Keyword qui reprend automatiquement le mot-clé acheté dans votre annonce (voir question 53) ;

- pensez à inclure les termes principaux de votre groupe d'annonces au sein de l'annonce et à réduire le nombre de mots-clés dans l'adgroup. Moins ce dernier comporte de mots, plus il est facile de reprendre le terme de base dans l'annonce pour le faire apparaître en gras.

Sachez qu'un mot-clé d'une annonce est mis en gras même si la requête de l'internaute diffère au niveau des accents ou du nombre grammatical (singulier ou pluriel), et même si le sens diffère légèrement, à condition qu'il soit jugé proche par Google.

 # 56 Dois-je indiquer une adresse valide dans l'URL d'affichage de mon annonce ?

L'URL d'affichage (*Display URL* en anglais) est le lien figurant en vert à la fin de votre annonce. Limitée à 35 caractères, elle se découpe en trois parties.

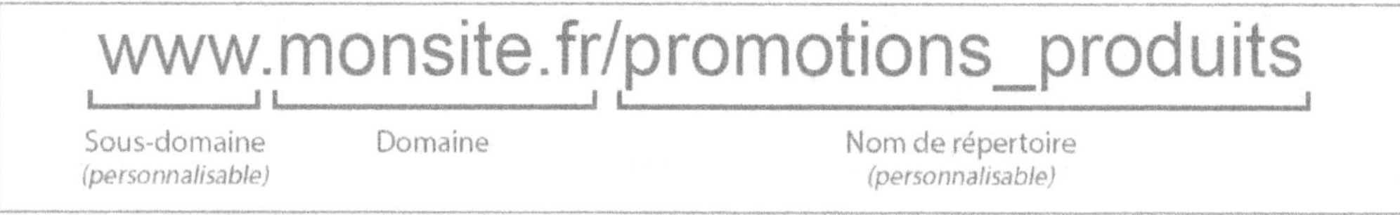

Format d'une URL d'affichage

- Le **nom de domaine** doit être obligatoirement valide et correspondre à celui de l'URL de destination vers laquelle vous dirigez l'internaute, sinon l'annonce sera refusée. Notez que ce nom de domaine apparaît forcément en minuscules sur Google.

- Dans cette URL d'affichage, il est possible d'inclure à la suite du nom de domaine un **nom de répertoire** précédé d'un slash. Contrairement au nom de domaine, il peut être complètement fictif ; son but est de rassurer l'internaute sur le contenu qu'il va trouver sur votre site. C'est un espace de personnalisation supplémentaire qui rend plus attractive votre annonce, dans la limite des 35 caractères pour l'URL d'affichage complète. Les espaces y sont interdits.

- Vous avez également la possibilité d'inscrire un **sous-domaine** fictif dans votre URL d'affichage. Ce texte est alors situé avant le nom de domaine et suivi d'un point (le signe «www» est considéré comme un sous-domaine).

Par exemple, si votre site monsite.fr cherche à vendre dans son annonce un cabriolet rouge discount, vous pouvez opter pour une URL d'affichage du type discount.monsite.fr/Cabriolet_Rouge. Elle améliorera ainsi votre taux de clic, et ce, même si le sous-domaine discount.monsite.fr ne redirige pas vers une page valide. Sachez que peu d'annonceurs connaissent pour l'instant cette possibilité, alors profitez-en !

Il est même possible d'inclure dans l'URL d'affichage une balise Keyword (voir question 53). Dans ce cas, l'espace d'un mot-clé repris est converti en signe + dans l'annonce ; dans le cas de notre exemple, la requête apparaîtra ainsi sous la forme « cabriolet+rouge ». Notez enfin que la reprise du traditionnel « www. » au début de l'URL d'affichage n'est pas obligatoire, vous faisant ainsi économiser quatre précieux caractères.

57 Puis-je afficher plusieurs annonces sur la même requête d'un internaute ?

Les règles des liens sponsorisés sont claires : un annonceur ne peut afficher plusieurs annonces textuelles sur une même page de résultats de recherche d'un internaute. Mais il peut contourner cette règle en affichant plusieurs annonces sur une même requête pour deux sites différents. Cette méthode de « double affichage » requiert deux conditions.

Première condition, les sites de l'annonceur doivent différer par leur nom de domaine. Il est strictement impossible de visualiser deux annonces en liens sponsorisés pour le même site sur la même requête.

Seconde condition, l'annonceur doit posséder autant de comptes publicitaires que d'annonces sur le même mot-clé. En effet, un compte ne peut contenir deux annonces sur le même mot-clé, et ce, même si le doublon de mot-clé se trouve dans une autre campagne du compte et qu'il redirige vers un autre site. L'annonceur doit donc forcément créer un nouveau compte (avec des informations de facturation différentes) pour arriver à ses fins. Attention à la surenchère ! En vous faisant vous-même concurrence, vous risquez de voir les CPC moyens augmenter.

Quoi qu'il en soit, n'oubliez pas que cette pratique est interdite par les moteurs. Si, par exemple, Google s'aperçoit qu'un même annonceur est propriétaire de plusieurs annonces sur une seule requête grâce à plusieurs comptes, il peut suspendre l'activité de l'un des deux comptes. Seule exception : les e-commerçants sont autorisés à mettre en place un double affichage s'ils lancent une campagne Shopping pour mettre en avant les photos de leurs produits en amont des résultats de recherche (voir question 122). Un annonceur peut ainsi cumuler une annonce textuelle et un produit affiché dans l'encart Shopping.

 58 Comment bénéficier d'une annonce avec un titre plus long que les 25 caractères maximaux autorisés ?

Depuis 2010, Google a mis en place une règle pour les titres de certaines annonces, les passant de 25 à 63 caractères (dont 60 personnalisables). Cet allongement n'est en réalité qu'une question de mise en forme : il s'agit de juxtaposer la première ligne de description de l'annonce avec le titre, en séparant ces éléments par un tiret.

Cette fonctionnalité ne s'applique qu'aux annonces en position Premium, c'est-à-dire celles au-dessus des résultats naturels, et ne concerne pas les liens sponsorisés situés à droite de la page des résultats de recherche. Par ailleurs, vous ne pouvez en bénéficier que si votre première ligne de description se termine par un signe de ponctuation adéquat (principalement un point ou un point d'interrogation). Sinon, la juxtaposition n'aura pas lieu.

Google accole également le domaine du site (sans le «www») aux titres des annonces en Zone Premium, mais les deux fonctionnalités d'allongement du titre ne sont pas toujours cumulables, et l'ajout de la première ligne de description prévaut souvent sur celui du domaine en fin de titre.

Notez que les régies font évoluer régulièrement leurs règles d'affichage des annonces, en procédant à de nombreux tests. Il n'est donc pas impossible que dans certains cas, la balise Keyword permette de dépasser la limite de 63 caractères en Zone Premium et de 25 caractères en Zone latérale pour le titre d'une annonce.

Quant à la régie Bing Ads, elle a copié ces mises en forme d'annonces en Zone Premium, en séparant le titre du domaine du site par un pipe (|) plutôt que par un tiret comme sur Google, et en terminant la reprise de la première ligne de description dans le titre par la ponctuation inscrite par l'internaute dans son annonce (ou sinon par un point automatiquement ajouté par Bing).

 59 Comment obtenir des étoiles d'avis clients à côté de mes annonces AdWords ?

Vous l'avez sans doute remarqué, certains annonceurs AdWords proposent dans leurs annonces une mise en avant des avis de consommateurs via des étoiles orangées. Il s'agit d'une extension d'annonce qui s'active automatiquement lorsque les conditions suivantes sont remplies :

- au moins 30 avis déposés au cours des 12 derniers mois sur les sites interrogés par Google Shopping ;

- une note moyenne de 3,5/5.

Les avis remontés par Google sont ceux de différents sites d'avis de consommateurs (Ciao France, Avistore, etc.), d'avis client vérifiés (Fianet, eKomi, Trustpilot, etc.), de comparateurs de prix et de sites de codes promotionnels (Shopzilla, Poulpeo, Ma-Reduc, etc.).

Clés USB 64 go dès 29,99€ - clesusbpascheres.fr
Annonce www.clesusbpascheres.fr/64go ▾
★★★★★ 1 867 avis pour clesusbpascheres.fr
Clés USB livrées en 48H. Livraison gratuite !

Exemple d'annonce Premium avec avis clients

En cliquant sur le nombre d'avis, l'internaute a accès à tous les commentaires laissés par un tiers à propos des produits ou services de l'annonceur. Notez que ce clic ne lui est pas facturé.

Cette mise en avant très visible et qualitative des avis de consommateurs permet d'améliorer sensiblement le taux de clic des annonces d'un compte. De plus, cette extension est visible sur tous les terminaux, y compris mobiles, et sur toutes les positions dans la page de résultats de recherche (Premium, basse et latérale).

Si toutes les conditions sont remplies, Google est censé activer automatiquement l'affichage des avis de consommateurs dans l'annonce. Vous pouvez néanmoins effectuer une demande à votre gestionnaire de compte pour accélérer le processus. Vous avez également la possibilité d'utiliser le formulaire suivant pour demander l'activation ou la désactivation de la fonctionnalité :

http://jo.my/etoiles-adwords

Sachez qu'en cas de mauvaise note des avis de consommateurs, Google désactive automatiquement l'affichage de l'extension dès que la moyenne passe en dessous de 3,5/5.

Chapitre 6
Paramétrages

Désolé, je ne peux rien faire pour le paramétrage
de votre campagne AdWords.
Je ne sais même pas ce que c'est...

Quelles sont les modifications apportées par les campagnes universelles ?

Une campagne universelle est un nouveau format de campagne AdWords, lancé par Google en 2013. Elle modifie certaines possibilités offertes aux annonceurs dans le but d'en faciliter la gestion. Depuis l'été 2013, les anciennes campagnes ont migré automatiquement et il est désormais obligatoire d'utiliser ce nouveau système.

Voici les principales modifications de gestion apportées par les campagnes universelles :

- nouvelle façon d'adapter les enchères en fonction des zones géographiques, des appareils utilisés et des jours et heures de diffusion pour une même campagne. Ces ajustements se font par pourcentage et se cumulent. Par exemple, vous pouvez décider d'augmenter les enchères de 10 % pour les utilisateurs de téléphone portable, et de 15 % pour les internautes franciliens. Pour ces derniers qui utilisent par ailleurs leur mobile, les CPC max seront donc augmentés de 25 % ;

- les extensions d'annonces s'améliorent. Désormais, la plupart sont disponibles au niveau du groupe d'annonces, avec des statistiques détaillées. Les liens annexes ne font maintenant plus que 25 caractères (au lieu de 35 auparavant), mais ils se gèrent individuellement. Enfin, ils peuvent être planifiés en fonction d'un calendrier et s'afficher en une version optimisée pour mobiles ;

- il est possible d'afficher des annonces différentes pour un même adgroup en fonction de l'appareil de l'internaute.

Tous ces changements induisent par ailleurs de nouvelles limites et contraintes pour les annonceurs.

- Le principal inconvénient des campagnes universelles est lié à la gestion des appareils. En effet, il n'est plus possible de lancer une campagne dédiée aux téléphones portables ou aux tablettes, elle sera forcément diffusée sur les ordinateurs et les tablettes. Vous pouvez seulement désactiver la diffusion sur mobiles (voir question 66).

- Les tablettes numériques sont désormais indissociables des ordinateurs, Google considérant que le comportement des internautes est le même sur ces deux terminaux. En conséquence, vous n'avez plus la possibilité, par exemple, d'empêcher la diffusion de vos annonces sur les tablettes.

- Les ciblages liés aux mobiles et tablettes ont aussi disparu. On ne peut plus choisir l'opérateur Internet ou le système d'exploitation d'un téléphone portable ou d'une tablette dans le cadre d'une campagne sur le réseau de recherche.

- L'optimisation des CPC est rendue compliquée par le système d'ajustement des enchères par pourcentage. Comme il n'est pas possible sur une campagne de gérer les enchères par mot-clé en fonction d'un élément (terminal, zone géographique ou Calendrier de diffusion), il vous faudra encore diviser vos campagnes autant que nécessaire pour gérer finement les CPC max selon le contexte de recherche.

On peut légitimement s'étonner de ces restrictions de ciblage imposées par Google aux annonceurs, alors que ces possibilités étaient disponibles dans les anciennes campagnes. Néanmoins, il n'est pas exclu que, dans les prochains mois, Google entende la grogne des annonceurs et modifie le fonctionnement de ses campagnes universelles.

En attendant d'éventuelles corrections d'AdWords, prenez bien en compte ces nouvelles contraintes qui sont imposées à tous les annonceurs pour chaque campagne.

61 Quels sont les différents modes de rotation des annonces ?

Google AdWords et Bing Ads proposent deux modes de rotation des annonces publicitaires.

- Le mode **Optimiser** est l'option sélectionnée par défaut sur les interfaces publicitaires. Il s'agit de laisser la régie choisir l'annonce qui est diffusée le plus largement en fonction de ses performances et, plus particulièrement, du taux de clic. Cela permet au moteur de recherche d'optimiser ses liens sponsorisés avec des annonces pertinentes et attrayantes.

  Concrètement, les moteurs diffusent à parts égales les annonces d'un adgroup pendant une courte période, et maximisent au fur et à mesure l'affichage de l'annonce avec les meilleures performances. Cette fonctionnalité est depuis peu disponible sur AdWords en mode Pour les clics, qui privilégie le taux de clic, et en mode Pour les conversions, qui favorise le taux de transformation.

- Il est aussi possible de désactiver cette optimisation et de choisir le mode **Alterner**, pour diffuser les annonces de manière proportionnelle. Ainsi, si vous avez quatre annonces par adgroup, chacune aura une part de voix proche de 25 %. Cette option est notamment très efficace dans le cadre de tests sur le potentiel de conversion d'une annonce, et de tests A/B (voir question 99).

  Ce mode a été depuis peu divisé par Google AdWords en deux options distinctes :
  - l'option **Alterner indéfiniment** permet de conserver le mode Alterner le temps voulu ;
  - l'option **Alterner de manière régulière** active l'alternance des annonces pour une période de 90 jours, avant de basculer

automatiquement sur le mode Optimiser et de prioriser les annonces avec les meilleures performances. Ce timing de 90 jours est remis à zéro par groupe d'annonces, dès qu'une annonce est modifiée. Vu la complexité de cette dernière option dans la gestion du compte, je ne vous conseille pas de l'activer.

Notez que Bing Ads se distingue de Google sur la précision de sa fonctionnalité, qui est paramétrable au niveau du groupe d'annonces quand Google la place au niveau de la campagne.

Comment diffuser des annonces à des heures et jours fixes ?

Google propose une fonctionnalité autorisant la diffusion de vos annonces à des horaires précis. Pour cela, rendez-vous dans l'onglet Paramètres d'une campagne, puis cliquez dans le sous-menu sur le Calendrier de diffusion des annonces.

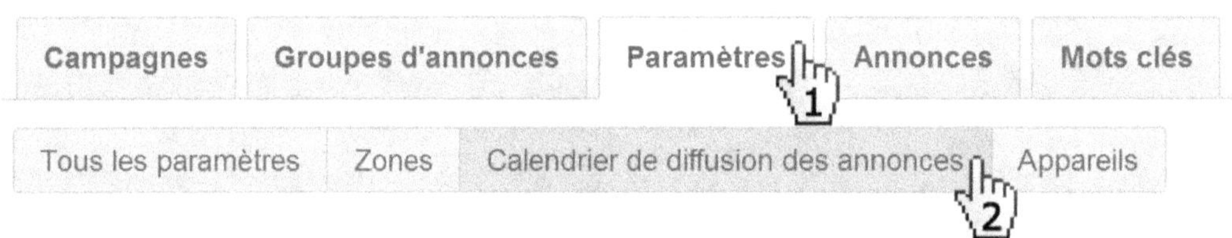

Accès au Calendrier de diffusion des annonces

Vous pouvez ainsi définir les plages horaires pour désactiver la campagne en fonction de vos besoins, et même baisser ou augmenter automatiquement les enchères (via le mode Ajustement des enchères). Par exemple, il est possible de couper vos campagnes le dimanche, ainsi que le samedi dès 14 h, d'augmenter automatiquement les enchères entre midi et 14 h (+20 %) du lundi au vendredi, et de baisser les enchères entre 18 h et 21 h (–30 %).

1. Pour appliquer ces modifications, il vous faut d'abord définir les créneaux horaires qui subiront ces modifications, puis ajuster vos enchères. Par défaut, une ligne par jour vous indique que la campagne est diffusée toute la journée. Pour ce faire, cliquez sur le bouton Modifier le calendrier de diffusion des annonces et changez les créneaux horaires en indiquant ceux pendant lesquels vos campagnes seront diffusées.

Notez que si vous souhaitez couper la campagne pendant un créneau, cette amplitude horaire ne doit pas être présente dans votre Calendrier de diffusion.

Si vous voulez ajuster les enchères sur une plage horaire particulière, celle-ci devra être isolée sur une ligne.

Aperçu du Calendrier de diffusion des annonces

2. Cliquez enfin sur chacun des créneaux dans la colonne Ajust. des enchères, pour appliquer la modification d'enchères en pourcentage. Pour attribuer ce même pourcentage aux lignes sélectionnées préalablement, cliquez sur le bouton Définir un ajustement des enchères.

+ CALENDRIER DE DIFFUSION DES ANNONCES | Définir un ajustement des enchères | Supprimer | Informations sur le calendrier ▾

Jour et heure	Ajust. des enchères	Clics	Impr.	CTR	CPC moy.	Coût	Pos. moy.
Total		0	0	0,00 %	0,00 €	0,00 €	0,0
Lundi de Minuit à Midi	+ 0%	0	0	0,00 %	0,00 €	0,00 €	0,0
Lundi de Midi à 02:00 PM	+ 20%	0	0	0,00 %	0,00 €	0,00 €	0,0
Lundi de 02:00 PM à 06:00 PM	+ 0%	0	0	0,00 %	0,00 €	0,00 €	0,0
Lundi de 06:00 PM à 09:00 PM	- 30%	0	0	0,00 %	0,00 €	0,00 €	0,0
Lundi de 09:00 PM à Minuit	+ 0%	0	0	0,00 %	0,00 €	0,00 €	0,0
Mardi de Minuit à Midi	+ 0%	0	0	0,00 %	0,00 €	0,00 €	0,0
[illegible]	+ 30%	0	0	0,00 %	0,00 €	0,00 €	0,0
Vendredi de 09:00 PM à Minuit	+ 0%	0	0	0,00 %	0,00 €	0,00 €	0,0
Samedi de Minuit à 02:00 PM	+ 0%	0	0	0,00 %	0,00 €	0,00 €	0,0
Total		0	0	0,00 %	0,00 €	0,00 €	0,0

Ajustement des enchères du Calendrier de diffusion

Cette fonctionnalité est très utile et puissante, car elle permet d'adapter le comportement de votre campagne à celui de votre cible. Pour connaître vos performances détaillées par jour et par heure de la journée, rendez-vous à la question 92.

Son principal inconvénient est de ne s'appliquer qu'au niveau de la campagne. Il vous faut donc structurer votre compte en fonction de vos besoins dans le Calendrier de diffusion. Il est également impossible pour l'instant de prévoir, par exemple, la coupure d'une campagne pour un jour spécifique dans l'année (jour férié, etc.), car le Calendrier de diffusion repose sur un système calendaire hebdomadaire perpétuel.

Gardez à l'esprit que l'utilisation du Calendrier de diffusion peut réellement compliquer l'analyse de vos statistiques, car ces dernières font évoluer dans une même journée vos positions moyennes, vos CPC moyens et tous les indicateurs d'AdWords, et ce, d'une heure à l'autre. Dès lors, l'analyse classique des performances sans entrer dans le détail horaire vous donnera des chiffres globaux, mais difficiles à interpréter.

De même, la gestion des CPC max de vos mots-clés s'en trouvera plus ardue.

La fonctionnalité équivalente de Bing Ads est un peu moins développée que celle de Google. Au niveau de la diffusion par jour, vous pouvez choisir d'augmenter les enchères en fonction du jour de la semaine, par paliers de 10 % jusqu'à 100 %. En revanche, l'enchère ne peut être diminuée, seule la coupure d'une journée entière est possible.

Concernant la diffusion par heure, des créneaux horaires sont imposés, et le système de modulation est le même que pour les jours. La précision est donc moindre que sur AdWords, car les paramètres de diffusion des heures et des jours ne sont pas liés. Une modification dans la diffusion sur un créneau horaire s'appliquera donc obligatoirement à tous les jours de la semaine. En revanche, Bing Ads permet de modifier ces paramètres aux niveaux Campagne et Adgroup.

 63 Comment lancer une campagne géolocalisée ?

Google AdWords autorise le lancement d'une campagne sur une zone géographique précise, touchant ainsi seulement les internautes qui sont dans la cible visée.

Pour lancer une campagne de liens sponsorisés géolocalisée sur AdWords, rien de plus simple. Une fois la création de votre campagne effective, rendez-vous dans ses paramètres et modifiez la zone géographique que vous souhaitez inclure ou exclure. AdWords vous propose alors d'entrer la zone que vous souhaitez cibler ou exclure (la France est ciblée par défaut) et vous donne également une estimation de l'audience visée ou exclue en fonction de la zone choisie. Sachez que vous pouvez sélectionner un pays, une région ou une ville.

Pour vous rendre compte graphiquement de l'impact de votre paramétrage, cliquez sur Recherche avancée. Une carte issue de Google Maps vous indique alors visuellement les zones ciblées (en bleu) et exclues (en rouge). Vous avez également la possibilité d'entrer un ciblage par rayon (champ d'action en kilomètres ou miles) autour d'un point donné.

Notez que la fonctionnalité de géolocalisation s'appuie notamment sur l'adresse IP : elle peut donc être source d'imprécision entre le lieu de l'adresse IP (souvent le nœud de raccordement à Internet) et celui où l'internaute se trouve effectivement. Gardez donc cela en tête, surtout quand vous ciblez une zone très précise.

Retenez que dans les Paramètres de campagne, Google vous offre le choix entre trois méthodes de ciblage : en fonction de l'adresse IP de l'internaute, c'est-à-dire de la localisation approximative de son lieu de connexion à Internet, en fonction des termes de lieu inclus dans sa requête, ou en cumulant ces deux options (je vous conseille ce dernier choix).

Par exemple, si vous achetez le mot-clé «ramonage» en ciblage Large tout en choisissant la ville de Montauban comme zone géographique et que vous activez l'option «Personnes qui recherchent ou consultent des pages relatives à une zone ciblée», un internaute situé à Paris recherchant «ramonage montauban» pourra voir votre annonce.

Retenez enfin que la modification du ciblage géographique d'une campagne – et notamment l'ajout de zones exclues – est une méthode d'optimisation à part entière. En effet, certaines zones géographiques peuvent être moins réceptives à vos offres, et ce, pour différentes raisons. Vous avez ainsi la possibilité d'obtenir les performances précises d'une zone géographique dans le menu Paramètres d'une campagne>Zones : les statistiques des zones ciblées y sont détaillées. Pour un niveau de détail plus important, vous devrez cliquer sur le bouton Rapport géographique et choisir le même intitulé dans la liste.

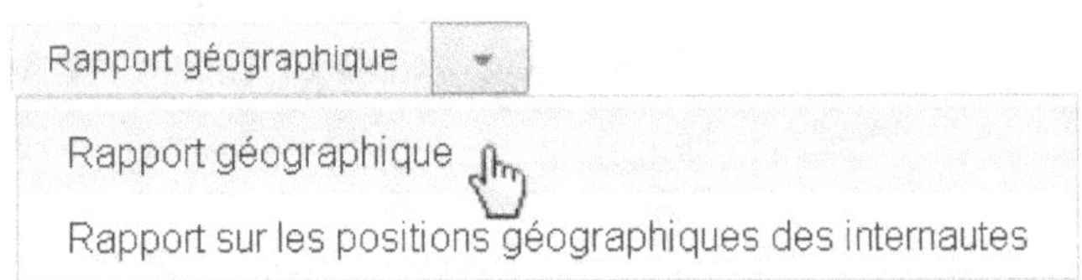

Accès aux statistiques par zone géographique

Ce rapport avancé vous permettra de connaître avec précision les performances de votre campagne en fonction du pays de l'internaute, mais également de sa région et même de sa ville si Google a réussi à capter cette information. Vous pourrez ainsi détecter les zones géographiques les moins performantes pour les exclure de votre campagne. Et depuis la mise en place des campagnes universelles, il est même possible de moduler les CPC max en fonction de la zone géographique ciblée, à l'instar du Calendrier de diffusion. Pour cela, rendez-vous dans le sous-menu Zone et cliquez dans la colonne Ajust. des enchères, à droite de la zone qui vous intéresse, pour choisir d'augmenter ou de réduire le CPC max dans cette zone du pourcentage souhaité.

64 Comment combiner les ciblages géographique et linguistique pour viser certains groupes d'internautes ?

Les ciblages géographique et linguistique proposés par AdWords doivent être paramétrés de façon méthodique pour viser correctement les internautes que vous souhaitez attirer sur votre site.

En effet, il ne faut pas oublier que le ciblage géographique s'appuie sur la localisation de l'IP de l'internaute ou sur les termes de lieu inclus dans sa requête. Pour modifier votre ciblage géographique, rendez-vous à la question 63.

Le ciblage linguistique se base quant à lui sur la langue du moteur de Google (français pour Google.fr, anglais pour Google.com) ou sur les préférences de langue définies par l'internaute. Pour modifier la langue ciblée (le français par défaut), modifiez l'option correspondante dans l'onglet Paramètres de votre campagne.

Google ne traduisant pas vos annonces ni vos mots-clés, vous devez développer vos liens sponsorisés dans chacune des langues que vous visez. Pensez à bien créer une campagne différente par langue, et à y développer les mots et les annonces dans la langue ciblée.

Si, par exemple, vous souhaitez toucher les Français habitant en Espagne, configurez votre campagne comprenant des mots-clés et des annonces rédigés en français avec l'Espagne en zone géographique ciblée, et optez pour les langues français et anglais dans le ciblage linguistique. Si votre campagne contient seulement des mots ayant un sens en français, vous pouvez également tenter d'ajouter la langue espagnole pour viser ceux effectuant leur recherche française sur Google.es : dans ce cas, vérifiez bien les performances de votre campagne afin de vous assurer de la pertinence de votre paramétrage. Pour cibler les Espagnols en Espagne, pensez à développer une autre campagne avec des mots-clés et des annonces écrits en espagnol.

 65 — Alors que ma campagne cible la France, pourquoi y a-t-il sur Analytics des clics provenant d'autres pays ?

Même si vous sélectionnez le paramètre de ciblage linguistique Français et le ciblage géographique France, vous attirerez en effet des Français de pays étrangers. Deux raisons expliquent cela.

- Dans AdWords figure dans les Paramètres de campagne une option avancée de ciblage géographique, nommée «Personnes qui recherchent ou consultent des pages relatives à une zone ciblée» (voir question 63). Par défaut, cette option est activée, d'où des clics supplémentaires. Pour les éviter, il vous faudra sélectionner l'option «Personnes situées dans une zone ciblée».

- Même si cette dernière option est bien paramétrée, il est possible que vos annonces soient malgré tout cliquées par des Français de pays limitrophes, ou du Maghreb et des DOM. Il s'agit d'un défaut de géolocalisation d'AdWords que l'on peut facilement détecter avec un outil web analytics. Dans ce cas, vous devrez modifier les zones de géolocalisation dans les Paramètres de campagne AdWords, puis désélectionner le pays France et ajouter une par une les différentes régions françaises. Cette manipulation est rendue moins facile depuis certaines modifications récentes de l'outil proposé par Google. Néanmoins, une fois ce paramétrage réalisé pour une campagne, n'hésitez pas à utiliser Google AdWords Editor pour copier-coller les zones exclues dans vos autres campagnes : vous gagnerez ainsi du temps.

Une fois ces paramétrages effectués pour chacune des campagnes concernées, vous économiserez le paiement de quelques clics non désirés.

 Comment désactiver l'affichage de mes annonces sur les téléphones portables ?

Google propose ses liens sponsorisés quand on le lance depuis un ordinateur, bien sûr, mais également si l'on y accède à partir d'un smartphone ou une tablette numérique, par exemple. Or il est possible que les internautes exposés à vos liens sponsorisés via un périphérique mobile ne constituent pas une cible pertinente pour vous, en particulier si votre site web n'est pas adapté à la lecture sur ces terminaux.

C'est pourquoi Google a inclus dans son interface une option de ciblage des appareils utilisés par ses internautes, afin de déclencher ou non l'affichage des annonces. Ce réglage s'effectue au niveau des Paramètres de campagne.

Une fois la campagne créée, rendez-vous dans l'onglet Paramètres de votre campagne, et sélectionnez le sous-menu Appareils. AdWords vous propose alors de moduler les CPC max en fonction de l'appareil de diffusion.

Accès aux ajustements des enchères par appareil

Vous pouvez, en cliquant dans la colonne « Ajust. des enchères », appliquer un pourcentage d'augmentation ou de diminution des enchères sur mobiles. Ainsi, pour désactiver l'affichage sur smartphone, il faut indiquer une diminution de 100 % des enchères pour l'appareil mobile.

Depuis le lancement des campagnes universelles, il n'est plus possible pour l'instant de désactiver l'affichage sur ordinateur, ni de le différencier sur les tablettes et les ordinateurs, Google jugeant en effet que les comportements des internautes sont identiques sur ces deux terminaux. Au final, seule l'enchère sur mobile est ajustable.

De son côté, Bing Ads pousse la fonctionnalité plus loin, en séparant les tablettes des ordinateurs et en n'obligeant pas l'annonceur à publier sur ordinateur. Vous avez également le choix du système d'exploitation sur mobile ou sur tablette, pour un ciblage plus précis.

Enfin, retenez que Google et Bing Ads diffusent par défaut vos annonces sur l'ensemble des appareils disponibles.

 **67**

Est-ce normal qu'AdWords ait dépassé mon budget quotidien ?

Avec votre capping budgétaire défini au niveau de la campagne (ou via les budgets partagés), vous imposez à AdWords une limite quotidienne de dépenses à ne pas dépasser. Si ce capping est souvent respecté, il arrive parfois que ces dernières soient plus importantes. La régie appelle ce phénomène les «impressions excessives».

Cet écart est prévu par Google, AdWords autorisant en effet le dépassement du capping jusqu'à +20 % de dépenses supplémentaires. Néanmoins, Google respecte une règle globale qui est, pour un budget quotidien inchangé, de ne pas franchir sur un mois entier le budget représenté par 30,4 jours (soit le nombre moyen de jours par mois).

Prenons un exemple : si votre budget quotidien est de 100 €, Google pourra dépenser jusqu'à 120 € par jour en cas de fort trafic mais, sur la période d'un mois complet, la dépense AdWords ne pourra pas dépasser 3 040 €. Si AdWords enfreint sa propre règle et franchit sur le mois la limite de 30,4 fois votre capping quotidien, la régie vous versera automatiquement un avoir du montant du dépassement constaté.

68 Qui sont les partenaires du réseau de recherche et en quoi diffèrent-ils du moteur Google ?

Google propose de modifier le réseau de diffusion des annonces AdWords dans les paramétrages de la campagne, en vue de sélectionner le type de site qui accueillera vos annonces.

Mais il existe une grande différence entre la recherche Google et les partenaires du réseau de recherche. La recherche Google consiste à diffuser les annonces uniquement sur le moteur de recherche Google (quelle qu'en soit la langue).

Le réseau de partenaires de recherche est bien différent : il s'agit de moteurs distincts de Google, mais qui reposent sur son algorithme de recherche, et qui affichent ses liens sponsorisés. C'est souvent le cas des moteurs de recherche des différents fournisseurs d'accès à Internet, lesquels se sont rapprochés contractuellement du premier moteur au monde, mais également de nombreux petits sites pas forcément pertinents qui utilisent la technologie gratuite de recherche de Google.

Les annonces diffusées sur les partenaires de recherche ne sont donc pas issues d'une visite de Google.fr, et cela a un impact sur les résultats ! Google est transparent sur le volume de clics acquis via l'ensemble des partenaires, mais ne vous permet pas pour l'instant de connaître les performances détaillées par moteur ni d'en désactiver certains.

Remarquez également que vous avez la possibilité de cumuler la recherche sur Google et les partenaires de recherche, ou de sélectionner uniquement la recherche Google. Mais il vous est impossible de sélectionner uniquement le réseau de partenaires pour isoler leurs performances, par exemple.

Pour vérifier si le réseau de partenaires est performant ou pas, vous pouvez afficher les statistiques propres à chaque canal de diffusion dans n'importe quel niveau de structure de votre compte (Campagnes, Groupes d'annonces, Mots-clés, Annonces) : cliquez sur le bouton Segment et sélectionnez Réseau (avec partenaires du Réseau de Recherche). Vous pouvez ainsi comparer les performances de la recherche Google avec celles des partenaires du réseau de recherche, et même avec le réseau Display de Google. Comparez notamment les taux de clic, les CPC moyens ainsi que les données de conversion.

69 Comment paramétrer les conversions pour qu'elles remontent directement dans l'interface de gestion des liens sponsorisés ?

Toutes les plates-formes des régies publicitaires vous offrent la possibilité de remonter de façon automatique le nombre d'actions générées via leurs liens sponsorisés, directement dans leur interface. Il s'agit d'une option facultative, mais indispensable pour piloter une campagne ayant un objectif de rentabilité. Pour l'installer, il suffit de pouvoir modifier le code HTML d'une page de votre site Internet.

À cette fin, vous devez ajouter un tag de tracking sur la page qui confirme l'action désirée. Prenons le cas où la conversion suivie est le passage d'une commande : le tag doit alors se situer sur la page de confirmation (celle située après le paiement, qui remercie le client pour son achat). Si c'est l'envoi d'un formulaire que vous souhaitez « tracker », la page qui devra accueillir le code est celle de confirmation de l'envoi du message.

Sur AdWords, vous trouverez directement le code de tracking sur l'interface dans l'onglet Outils, menu Conversions. Pour cela, vous devez créer un nouveau type de conversion. Après l'avoir nommée, choisissez sa catégorie et précisez si vous souhaitez indiquer une notification Google sur la page de confirmation (facultatif). Dans la dernière étape, vous aurez accès au code de tracking à insérer dans votre site. Il est impératif de ne pas modifier ce tag et de le copier-coller tel quel entre les balises `<body>` et `</body>` de votre page de confirmation de commande (généralement à la fin, avant la fermeture de la balise).

Si vous utilisez le tag e-commerce ou les objectifs de Google Analytics, AdWords propose également de rapatrier les conversions issues des transactions ou des objectifs paramétrés sur Analytics, en évitant ainsi la pose d'un nouveau tag sur votre page de confirmation de commande. Vous devez pour cela lier vos comptes entre eux (voir question 117), activer sur Analytics le partage des données avec les autres produits Google dans l'onglet Admin, menu Paramètres du compte, et veillez à ce que le marquage automatique des URL de destination soit activé sous AdWords (onglet Mon Compte, menu Préférences).

Une fois ces étapes complétées, rendez-vous dans l'onglet Outils d'Ad-Words, menu Conversions, et cliquez sur le bouton Importation à partir de Google Analytics. Choisissez alors les transactions/objectifs désirés pour activer l'import des informations de conversion. Notez que cette manipulation n'est pas rétroactive et n'affichera donc pas sur AdWords vos conversions avant le jour de la mise en place de cette procédure.

Sur Bing Ads, allez dans le menu Outils (en haut à droite), et sélectionnez le menu Analyse des campagnes. Vous pouvez alors créer un objectif et remplir les quelques paramètres pour générer le code de tracking.

Une fois ce dernier correctement implanté, le nombre de conversions générées après les clics sur vos liens sponsorisés sera comptabilisé dans l'interface et attribué aux mots-clés ayant converti l'internaute. En configurant le code plus en détail, vous pouvez même remonter le chiffre d'affaires lié aux commandes (voir question 70).

70 Comment obtenir le chiffre d'affaires généré par les liens sponsorisés dans AdWords ou Bing Ads ?

Lors du paramétrage du code de tracking, l'interface propose d'entrer un revenu fixe généré par la conversion. Or le chiffre d'affaires généré via un site web est rarement fixe, notamment pour un site e-commerce. Un chiffre d'affaires fixe par conversion peut être utile pour valoriser de façon virtuelle une demande de devis reçue, par exemple. En choisissant le paramètre «Chaque conversion peut avoir une valeur différente» et en intervenant directement sur le tag de tracking dans la page de confirmation, vous pouvez intégrer le chiffre d'affaires de façon dynamique.

Pour cela, la ligne à modifier dans le tag AdWords est `var google_conversion_value`. Sur Bing Ads, le nom de la variable à modifier est `revenue`. Au lieu d'intégrer une valeur fixe, vous devez y inscrire une variable dynamique (à créer auparavant par les développeurs du site). Cette valeur inscrit directement le véritable chiffre d'affaires généré par la conversion.

Notez que si vous utilisez l'import des conversions par Google Analytics, la remontée du chiffre d'affaires est automatique en ce qui concerne les transactions.

Pour afficher les informations de chiffre d'affaires dans les statistiques disponibles sous AdWords, cliquez sur le bouton Colonnes pour les personnaliser, et activez l'affichage de la colonne «Valeur de conv. totale». Cette information apparaît alors à la fin de vos tableaux statistiques.

Le chiffre d'affaires est ainsi disponible pour l'intégralité des niveaux de structure d'un compte. Vous pouvez également obtenir le chiffre d'affaires moyen par conversion en choisissant d'afficher la colonne «Valeur/conv.», ce qui équivaut au panier moyen.

Une colonne nommée «Valeur de conv./coût» permet en outre d'afficher le ROI (retour sur investissement, voir question 15) directement dans l'interface AdWords, vous donnant ainsi une information supplémentaire pour piloter votre campagne.

En revanche, notez que toutes les informations concernant le chiffre d'affaires généré ne sont pas disponibles pour l'instant dans les statistiques de l'outil AdWords Editor.

Pour obtenir plus d'informations sur les différents types de conversions AdWords et leur paramétrage, rendez-vous en question 93.

71 Si je n'ai pas le temps de modifier les CPC max, comment laisser Google optimiser automatiquement mes enchères ?

Les stratégies d'enchères regroupent toutes les différentes options disponibles sur AdWords pour gérer vos CPC max, que ce soit de manière manuelle ou de façon automatique à l'image d'un outil de bid management (voir question 149).

Par défaut, à la création d'une campagne, les enchères sont définies manuellement. Pour une meilleure optimisation et un contrôle total de vos CPC max, je vous conseille de conserver ce paramètre (point **A** sur la figure page suivante). Néanmoins, nous n'avons pas toujours le temps d'optimiser de façon fine nos campagnes, et dans ce cas, les différentes stratégies d'enchères peuvent aider. Ces éléments se définissent au niveau des paramètres de chaque campagne.

Par défaut, le système vous demande si vous souhaitez donner la priorité aux clics (**B**) pour obtenir le plus grand trafic pour un budget donné, ou si vous préférez générer des conversions (**C**) et obtenir le coût par conversion le plus faible. Dans le cadre d'une campagne sur le réseau Display, Google propose également de donner la priorité aux impressions (**D**) et ainsi opter pour une gestion au coût par mille (CPM, voir question 37).

L'option de priorité aux clics permet de choisir entre le contrôle manuel des enchères et les enchères automatiques, laissant AdWords gérer vos CPC max pour générer le maximum de clics en respectant votre capping budgétaire (**E**). Si vous choisissez cette deuxième option, vous pouvez également définir un plafond de CPC max (**F**) qu'AdWords ne pourra pas dépasser. Attention, ce mode ne fonctionne pas si votre campagne utilise les budgets partagés ou si vous utilisez l'ajustement des enchères par heure et jour du Calendrier de diffusion.

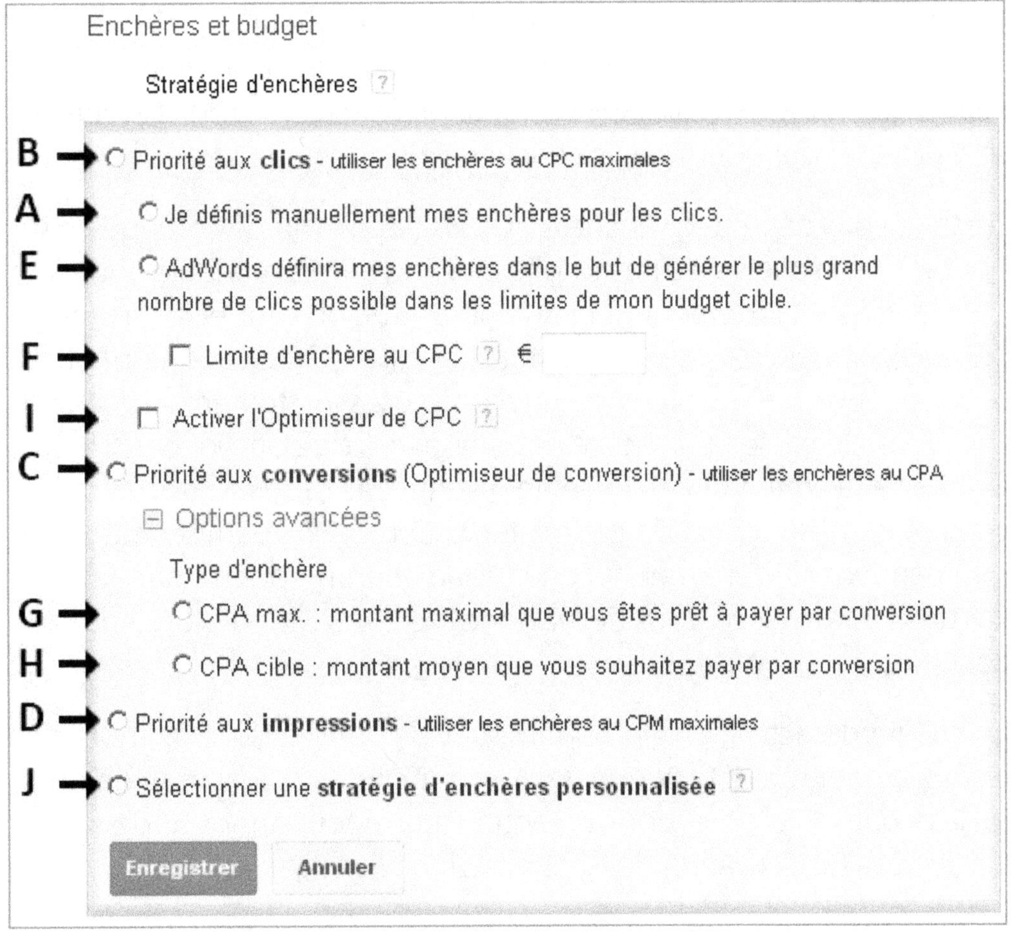

Paramètres des stratégies d'enchères

Enfin, l'option de priorité aux conversions, également appelée «Optimiseur de conversion», ne sera disponible que si le suivi des conversions est activé depuis au moins 15 jours et que vous avez généré au moins 15 conversions au cours des 30 derniers jours. Par ailleurs, mieux vaut utiliser ce mode si vous ne suivez qu'un seul type de conversion sur AdWords. En effet, si vous en suivez plusieurs de valeurs différentes (par exemple, une vente et une inscription newsletter), l'option ne vous permettra pas de différencier la conversion. Avec ce suivi, vous pouvez définir un coût par action (CPA) maximum à ne pas dépasser (**G**) ou un CPA moyen cible à atteindre (**H**). Ce dernier est préférable car il lissera votre CPA maximum sur la durée sans fixer de limite ponctuelle trop restrictive. Votre historique d'informations de conversions générées servira alors pour optimiser vos enchères.

Lorsque vous définissez l'enchère au CPA (au niveau des groupes d'annonces), ne la choisissez pas trop faible, sinon il est probable que votre trafic diminuera fortement pour atteindre votre objectif, et le volume de conversions générées s'en ressentira. Par ailleurs, sachez que l'Optimiseur de conversion ne prend pas en compte les ajustements d'enchères que vous définissez par heure, jour, appareil ou zone géographique. Retenez également que Google ne garantit pas l'atteinte de vos objectifs de CPA ; il se servira de cette information pour optimiser automatiquement vos CPC max, et aucune réclamation ne pourra être faite en cas de CPA trop élevé. Vous devez donc bien suivre les performances de ce mode.

En cas de désactivation de l'Optimiseur de conversion, vos mots-clés retrouveront les CPC max que vous aviez définis avant la mise en place de la priorité aux conversions. Attention aux modifications trop brutales de CPC à la désactivation de l'Optimiseur de conversion.

Si vous avez néanmoins un objectif lié à vos conversions et que vous souhaitez conserver des enchères manuelles ou automatiques donnant la priorité aux clics, vous pouvez activer l'Optimiseur de CPC (**I**). Si votre suivi de conversion est bien activé, cette fonctionnalité modulera vos CPC max (à la hausse jusqu'à +30 % maximum ou à la baisse jusqu'à −100 %) en fonction du potentiel de conversion pour une requête. Si le système (basé sur des algorithmes d'analyse) estime qu'une requête est prometteuse et a de grandes chances de convertir, AdWords pourra augmenter automatiquement votre CPC max jusqu'à +30 % par rapport au CPC max défini. Le système fonctionne également dans le sens inverse s'il juge qu'une requête ne peut générer une conversion, et peut même aller jusqu'à ne pas enchérir sur un mot-clé. Notez que l'activation de l'Optimiseur de CPC entraînera automatiquement la modification des paramètres de rotation des annonces en mode Optimiser pour les conversions.

Enfin, AdWords vous offre la possibilité de gérer des stratégies d'enchères personnalisées (**J**) que nous détaillons à la question 72.

72 Comment utiliser les stratégies d'enchères flexibles ?

Si vous utilisez les stratégies d'enchères classiques permettant de confier la gestion de vos enchères d'une campagne au système automatique d'Ad-Words, vous serez certainement intéressé par l'utilisation des stratégies d'enchères flexibles, offrant plus de souplesse dans les paramétrages que vous pourrez partager entre différents éléments de votre compte. Cinq stratégies sont disponibles dans la Bibliothèque partagée d'AdWords :

- **Optimiseur de CPC :** pour garder la main sur les enchères tout en donnant la possibilité de surévaluer ou de dévaluer le CPC max de 30 % en fonction du potentiel de conversion d'une requête (équivalent de la stratégie Priorité aux clics>Optimiseur de CPC, voir question 71). Cette stratégie s'applique aux niveaux Campagne, Groupe d'annonces ou Mot-clé selon votre choix.

- **CPA cible :** pour définir un coût par action cible, base sur laquelle vous confiez à AdWords l'ajustement de vos CPC max dans la poursuite de cet objectif (équivalent de la stratégie Priorité aux conversions>CPA cible). Une limite haute et basse de CPC max est aussi paramétrable. Elle s'applique aux niveaux Campagne ou Groupe d'annonces.

- **Optimiser les clics :** pour confier l'entière gestion des CPC max au système automatique d'AdWords, qui aura pour objectif de générer un maximum de clics pour un budget donné (équivalent de la stratégie Priorité aux clics>Enchères automatiques). Cette option s'applique aux niveaux Campagne, Groupe d'annonces ou Mot-clé.

Avec cette stratégie d'enchères, vous pouvez, si vous le souhaitez, définir un CPC max à ne pas dépasser, mais également un plafond de dépense cible, qui sera le budget quotidien alloué par Google pour l'ensemble des éléments impactés. Néanmoins, cette dépense cible ne pourra pas outrepasser le capping quotidien ni le budget partagé des campagnes en question.

- **Emplacement cible sur la page de recherche :** pour automatiser la gestion des CPC max en fonction d'un objectif de positionnement, que ce soit en haut de première page (Zone Premium) ou sur la première page de résultats. Cette option est exclusivement sélectionnable dans les stratégies d'enchères flexibles pour tous les niveaux de structure.

  Elle propose deux types d'automatisation des enchères : laisser le contrôle total à AdWords, ou prendre en compte les enchères manuelles définies, mais autoriser AdWords à les augmenter en cas de positionnement inférieur à celui défini.

- **Objectif de retour sur les dépenses publicitaires :** cette stratégie automatise vos enchères en fonction d'un ROI cible. Ce dernier se base sur les conversions et les valeurs de conversion paramétrées dans votre compte (voir question 70). La définition du ROI cible s'effectue en pourcentage.

Une fois votre stratégie flexible définie dans la Bibliothèque partagée, vous devez l'appliquer aux campagnes, groupes d'annonces ou mots-clés désirés par le biais de l'onglet approprié, sélectionner le ou les éléments pour le(s)quel(s) vous souhaitez appliquer la stratégie, puis cliquer sur le bouton Stratégie d'enchères>Modifier la stratégie d'enchères, situé au-dessus de votre tableau de statistiques. Dans l'onglet Paramètres, cliquez sur l'option Sélectionner une stratégie d'enchères personnalisée, puis choisissez une stratégie.

Dans la Bibliothèque partagée d'AdWords, vous retrouverez un récapitulatif des stratégies d'enchères flexibles appliquées, avec le nombre d'éléments impactés et les performances des éléments concernés.

Ces stratégies flexibles offrent une grande souplesse, car elles peuvent s'appliquer uniquement sur des éléments précis d'une campagne ou d'un groupe d'annonces et, par exemple, laisser les autres éléments en enchères manuelles.

73 Dois-je modifier les URL de mes liens sponsorisés pour identifier la source des visites dans mon outil web analytics ?

Les régies publicitaires fournissent de nombreuses statistiques sur votre campagne, mais ne donnent pas d'informations exhaustives sur le comportement des internautes que vous attirez sur votre site web. Pour cela, il est nécessaire d'installer un outil web analytics sur votre site.

Une fois cette opération réalisée, l'outil doit bien détecter que les visiteurs issus des liens sponsorisés sont différents de ceux provenant du référencement naturel, à plus forte raison s'ils viennent tous d'un même moteur de recherche. Pour cela, il est indispensable de modifier les URL de destination de chaque lien sponsorisé, afin d'y inclure un tracker (paramètre en fin d'URL) qui indique la provenance du clic à l'outil web analytics.

Cette modification d'URL de destination est donc utile dans la plupart des cas, sauf si vous utilisez uniquement Google Analytics et la régie AdWords. En effet, comme ces services appartiennent à Google, celui-ci vous affranchit de la modification fastidieuse des URL, une fois que vos comptes AdWords et Analytics sont reliés entre eux. Google reconnaît ainsi directement la provenance sponsorisée du trafic et l'identifie comme tel sous Analytics. Pour relier votre compte AdWords à votre compte Analytics, suivez la procédure expliquée à la question 117. Toutefois, si vous utilisez un autre outil web analytics, quel qu'il soit, vous devrez intégrer un paramètre de tracking dédié derrière chacune de vos URL de destination.

Pour vos campagnes Bing Ads, il n'y a pas de mise en place automatique de tags Google Analytics, mais vous pouvez renseigner automatiquement le support (cpc), la source (bing) et le mot-clé tapé. Pour cela, n'entrez pas l'URL de destination dans le champ habituel au niveau Mot-clé, mais insérez votre URL (sans paramètres de tracking) dans le champ Param1 et laissez le champ URL de destination vierge.

annonces	mots clés	extensions d'annonces		paramètres	opportunités

| | AJOUTER DES MOTS CLÉS | MODIFIER LE STATUT ▼ | MODIFIER | SUPPRIMER | |

Mot clé	Affichage	Statut	Indicateur ▲ de qualité	Type de correspondance	URL de destination	Param1
☑ mot clé	Admissible	Actif	9/10	Requête large		http://www.monsite.fr

Paramétrage de l'URL dans le champ Param1 de Bing Ads

Puis, au niveau des annonces, entrez l'URL de destination suivante :
{param1}?utm_medium=cpc&utm_source=bing&utm_term={keyword}

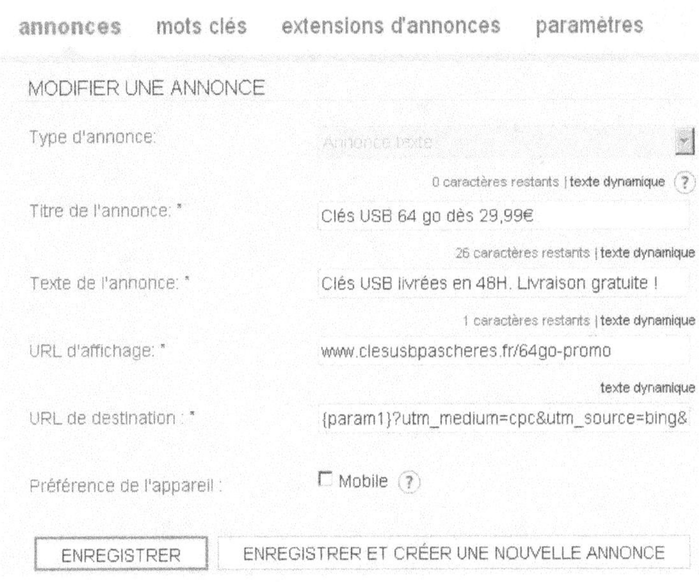

Modification d'une annonce Bing Ads

Avec ce paramétrage, les informations principales seront remontées dans Google Analytics, y compris le mot-clé grâce à la balise {keyword}. Vous ne pourrez toutefois remonter dynamiquement le nom de la campagne : si vous souhaitez récupérer cette indication, vous devrez saisir manuellement la mention «utm_campaign=nom_campagne» dans l'URL de destination au niveau de l'annonce.

74 Comment donner accès à l'interface AdWords à mes collaborateurs ?

Pour partager l'accès à l'interface AdWords avec vos collaborateurs, il existe une méthode plus sécurisée que de confier votre identifiant et votre mot de passe. En effet, Google a mis en place un système d'accès nominatif, permettant d'identifier l'auteur de chacune des modifications effectuées sur le compte (voir question 75). Attention, cette fonctionnalité n'est disponible que pour les administrateurs du compte.

Rendez-vous dans l'onglet Mon compte, et sélectionnez Accès au compte. Vous pouvez y inviter d'autres utilisateurs en saisissant leur adresse e-mail, et sélectionner le niveau d'accès que vous souhaitez leur confier. Notez que l'adresse e-mail de l'utilisateur convié devra être obligatoirement associée à un compte Google.

Vous pouvez ainsi partager la totalité du compte AdWords avec le destinataire (administrateur), ou désactiver les fonctions de gestion des utilisateurs (standard). Le mode d'accès en lecture seule autorise l'utilisateur à afficher l'onglet Campagnes et les rapports, mais lui interdit d'apporter des modifications au compte.

Enfin, l'accès aux e-mails uniquement permet de recevoir seulement des notifications et d'éventuels rapports automatiques via courrier électronique, mais sans accès direct à l'interface.

Une fois l'invitation d'accès au compte envoyée, son destinataire doit la valider. Puis vous devrez vous-même apporter une nouvelle confirmation sur le même onglet afin d'autoriser l'accès proposé. Par ailleurs, en tant qu'administrateur, vous avez le pouvoir à tout moment de modifier le niveau d'accès de vos collaborateurs.

75 Si plusieurs personnes ont accès à mon compte AdWords, comment savoir qui a effectué une modification ?

Quand un même compte AdWords est géré et utilisé par plusieurs personnes, il n'est pas rare que l'on en vienne à se demander qui a effectué telle modification, à plus forte raison si c'est une action préjudiciable au compte qui a été exécutée (parfois par erreur). Mais saviez-vous que Google AdWords garde en mémoire une trace de tous les changements effectués, aussi mineurs soient-ils, avec le nom de leur auteur et l'heure exacte de modification ? Sur AdWords, la transparence est de mise !

Pour accéder au rapport contenant ces informations, connectez-vous avec un accès Administrateur et rendez-vous dans l'onglet Outils, menu Historique des modifications. Cette fonctionnalité s'organise presque comme un rapport de performances AdWords : vous pouvez ainsi paramétrer la période désirée pour remonter l'intégralité des modifications effectuées pendant ce laps de temps. Sur la partie gauche, vous pouvez sélectionner la campagne et l'adgroup sur lesquels vous recherchez un changement en particulier.

Par défaut, tous les types de modifications sont affichés, mais vous pouvez aussi les filtrer par :

• budget : donne les modifications liées au capping budgétaire des campagnes et aux budgets partagés ;

- enchère : toutes les modifications de CPC max sont listées par campagne/adgroup. Si l'on affiche les détails, apparaissent les mots-clés concernés, l'enchère précédente et le CPC max modifié ;

- mot-clé : toutes les modifications liées aux mots-clés sont présentées, de l'ajout à la désactivation ou la suppression de mot-clé, mais également les modifications de CPC max ou d'URL de destination, l'ajout ou la suppression de mots-clés exclus et la modification de ciblage ;

- état : les modifications d'état (actif, mis en veille, supprimé) des campagnes, groupes d'annonces, mots-clés et annonces sont répertoriées ;

- répartition : ces modifications sont liées aux différents réseaux présents sur AdWords, les partenaires de recherches et le réseau Display ;

- ciblage : les informations liées à des changements du ciblage géographique et du Calendrier de diffusion y sont listées ;

- annonce : tous les ajouts, modifications et suppressions liés aux annonces sont indiqués.

Ce rapport vous offre également la possibilité d'annuler une modification donnée grâce à un bouton situé à sa droite. Par ailleurs, vous pouvez afficher tous les changements réalisés par un utilisateur en particulier.

Il est donc très important de définir les bons accès en fonction des utilisateurs (voir question 74) et de ne pas donner vos propres identifiants et mots de passe à d'autres personnes. Chacun doit se connecter via son propre compte Google (voir question 142).

Enfin, notez que les modifications groupées effectuées par le biais du bouton Modifier de l'interface AdWords sont également disponibles dans ce rapport, et répertoriées dans le sous-menu Modifier en masse du menu Opérations groupées, situé en bas à gauche.

76 Comment utiliser mon compte AdWords pour lancer rapidement un compte sur Bing Ads ?

Si vous souhaitez lancer une campagne de liens sponsorisés sur les moteurs de Bing et Yahoo! et que vous possédez déjà un compte sur Google AdWords, Bing Ads vous facilite la vie en important automatiquement vos campagnes AdWords.

Dans votre compte Bing Ads, rendez-vous dans le menu Importer à partir de Google AdWords. L'interface vous proposera alors d'entrer vos codes d'accès à Google AdWords pour importer les campagnes de la régie concurrente.

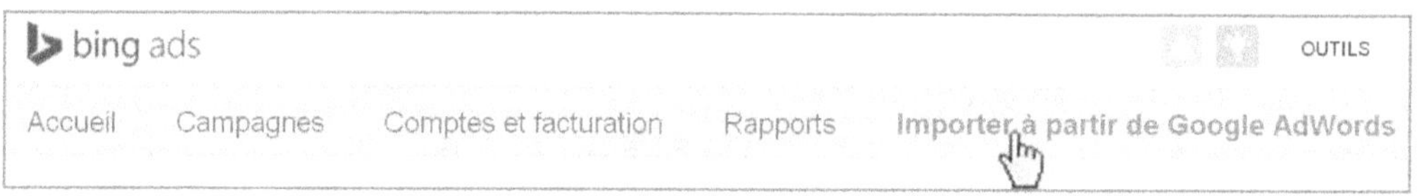

Accès à l'import d'une campagne AdWords sur Bing Ads

Vous pourrez ensuite sélectionner les campagnes que vous souhaitez importer. Quelques paramètres devront être corrigés pour s'adapter aux contraintes de Bing Ads : le choix exact des éléments à importer, l'ajustement des CPC max inférieurs à 0,05 € (seuil minimal sur Bing Ads), ainsi que l'insertion d'un code de tracking supplémentaire à la fin de chaque URL de destination d'annonce.

Une fois ces paramètres correctement réglés, les campagnes sélectionnées seront importées, et vous disposerez d'un récapitulatif indiquant le nombre d'éléments importés. Si des problèmes sont survenus lors de l'import, vous en serez informé à cette étape.

Tous vos mots-clés et annonces, vos informations budgétaires, vos ciblages géographiques et vos principaux paramétrages seront transposés sur Bing Ads. En revanche, les mots-clés exclus au niveau de la campagne ne seront pas importés, ni vos informations de la Bibliothèque partagée d'AdWords, ni les extensions d'annonces au niveau du groupe d'annonces. Vérifiez également le paramétrage des réseaux de recherche de diffusion, par défaut sur les moteurs Bing, Yahoo! et des partenaires de recherche.

Si votre compte AdWords est trop volumineux, Bing Ads vous signalera par un message d'erreur que cette fonctionnalité n'est disponible que par le logiciel Bing Ads Editor (voir question 112). Ce dernier suit les mêmes étapes, mais permet également d'importer des campagnes par le biais d'un export Excel (issu d'AdWords Editor, par exemple). Il fera correspondre les différentes colonnes du fichier et vous demandera de valider la correspondance pour activer l'import.

Chapitre 7

Quality Score

5/10 ? Quelle honte ! Tu me ramènes
un meilleur Quality Score la prochaine fois,
sinon privé de dessert !

77 Qu'est-ce que le Quality Score ?

Le Quality Score (ou niveau de qualité) est un algorithme qui détermine une note comprise entre 1 et 10 sur laquelle Google se base pour positionner votre annonce parmi celles de vos concurrents, et qui définit également le CPC que vous allez payer. Ce niveau de qualité, qui dépend de nombreuses variables, permet aux moteurs de définir la pertinence des liens sponsorisés pour leurs internautes.

Il faut savoir en effet que le CPC max n'est pas le seul critère pris en compte pour positionner votre annonce, puisqu'il est multiplié par le Quality Score. Ainsi, vous pouvez obtenir une meilleure place qu'un concurrent qui achète le même mot-clé plus cher que vous (et inversement). Pour vous rendre compte de l'effet du Quality Score sur le calcul de votre positionnement, rendez-vous à la question 80.

Concrètement, l'algorithme analyse plusieurs critères liés à votre annonce, mais aussi à votre URL de destination, ainsi que de nombreux autres critères pour juger leur pertinence et pour déterminer ce score de qualité. Ce dernier est donc un élément très important dans la performance de vos campagnes puisqu'il permet d'améliorer votre visibilité tout en réduisant vos coûts par rapport à vos concurrents.

Sachez que si Google l'a inventé, les autres régies ont rapidement copié la fonctionnalité pour le classement de leurs propres liens sponsorisés.

78 Comment fonctionne le Quality Score ?

Le Quality Score repose sur un grand nombre de critères, pour la plupart gardés secrets par Google (un peu comme l'algorithme du Page Rank pour le référencement naturel).

Néanmoins, les principaux sont connus : taux de clic, historique de votre campagne, qualité et rapidité de la page de destination. Améliorez donc ces critères et vous verrez votre score de qualité grimper !

De plus, Google accorde de l'importance à la cohérence de l'association mot-clé/annonce/page de destination : en effet, si un mot-clé acheté est repris dans l'annonce et qu'il est également présent dans la page de destination, le score de qualité est bonifié. Notez que le temps de chargement des landing pages est aussi un critère de plus en plus décisif dans le calcul de Google.

Sachez par ailleurs que le Quality Score fixe également l'enchère de première page, c'est-à-dire le niveau minimal de CPC max pour que votre annonce apparaisse sur la première page de résultats de recherche. Bien évidemment, plus votre score de qualité est élevé, plus l'enchère minimum de première page est basse.

79 Comment connaître le Quality Score de mes mots-clés ?

Google communique par défaut le score de qualité des mots-clés dans les exports de rapports sur les mots-clés, mais également directement sur son interface. Pour cela, rendez-vous dans l'onglet Mots-clés et personnalisez les colonnes pour afficher le niveau de qualité.

Google est de plus en plus transparent sur les détails de son Quality Score. Pour avoir des informations détaillées, une fois dans l'onglet Mots-clés, passez votre curseur sur la bulle située dans la colonne État du mot-clé qui vous intéresse. Google y fournit des informations sur sa pertinence, la qualité et le temps de chargement de la page de destination, afin de vous aiguiller sur les améliorations à apporter pour voir progresser votre score.

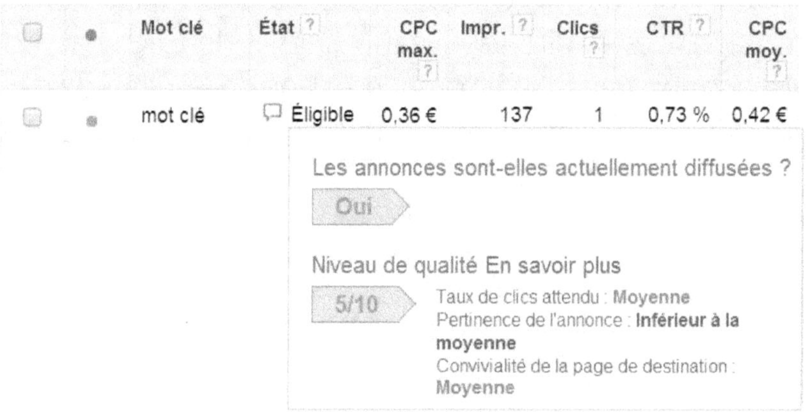

Détails sur le niveau de qualité par mot-clé

Notez que vous pouvez aussi retrouver le niveau de qualité de vos mots-clés grâce à l'outil Google AdWords Editor (voir question 112).

80 Quel est l'impact de mon Quality Score sur ma position et le CPC réellement payé ?

Google détermine la position des différentes annonces sur la requête d'un internaute en fonction d'un classement appelé Ad Rank. Celui-ci résulte de la multiplication de deux facteurs : le CPC max et le Quality Score.

Prenons un exemple concret de cinq annonceurs qui se disputent la place sur la requête d'un internaute.

Nom de l'annonceur	CPC max défini par l'annonceur	Quality Score
www.annonceur1.com	0,12 €	7,2 / 10
www.annonceur2.com	0,80 €	4,8 / 10
www.annonceur3.com	0,56 €	9,5 / 10
www.annonceur4.com	0,92 €	5,5 / 10
www.annonceur5.com	0,56 €	3 / 10

CPC max et Quality Score des cinq annonceurs

Si, en fonction du CPC max, l'ordre du positionnement devrait être 4 - 2 - 3 - 5 - 1, la multiplication avec le Quality Score change la donne. C'est en effet l'annonceur avec l'Ad Rank le plus élevé qui remporte la première place.

Nom de l'annonceur	Ad Rank	Position du lien sponsorisé
www.annonceur1.com	0,12 x 7,2 = 0,86	5
www.annonceur2.com	0,80 x 4,8 = 3,84	3
www.annonceur3.com	0,56 x 9,5 = 5,32	1
www.annonceur4.com	0,92 x 5,5 = 5,06	2
www.annonceur5.com	0,56 x 3 = 1,68	4

Calcul de l'Ad Rank et de la position

Pour connaître le CPC réel que va payer annonceur3.com (en première position) par exemple, Google définit le CPC nécessaire pour égaler le classement de l'annonce inférieure et y ajoute 1 centime.

Dans notre exemple, annonceur3.com a un Quality Score de 9,5. Pour égaler le classement du deuxième lien sponsorisé, qui est celui d'annonceur4.com, il faut atteindre un Ad Rank de 5,06. Le CPC nécessaire est donc de 5,06/9,5 = 0,5326. Google prélèvera par conséquent un CPC réel de 0,54 € pour annonceur3.com, soit 2 centimes de moins que le CPC max qu'il a défini.

Le tableau suivant indique les CPC réels définis dans notre exemple.

Nom de l'annonceur	Calcul du CPC réel	CPC réel
www.annonceur1.com	0,86 / 7,2 = 0,119	0,12 €
www.annonceur2.com	1,68 / 4,8 = 0,35	0,36 €
www.annonceur3.com	5,06 / 9,5 = 0,532	0,54 €
www.annonceur4.com	3,84 / 5,5 = 0,698	0,70 €
www.annonceur5.com	0,86 / 3 = 0,286	0,29 €

Calcul du CPC réel

Depuis fin 2013, Google a également ajouté un nouveau facteur dans le calcul de son Ad Rank. Désormais, en plus de votre Quality Score et de votre CPC max, AdWords prendra en compte la présence et la performance de vos extensions d'annonces et, plus particulièrement, des liens annexes présents sur chacune de vos campagnes. Il est ainsi recommandé d'indiquer au moins six liens annexes par campagne pour bénéficier d'un petit avantage par rapport à vos concurrents qui n'en ont pas.

81 Si je suspends ma campagne temporairement, vais-je perdre mon positionnement quand je la réactiverai ?

En désactivant une campagne de liens sponsorisés pendant quelque temps, vous perdez au fur et à mesure ce que l'on appelle un « historique », et votre Quality Score finira par en pâtir.

L'historique est l'un des paramètres du score de qualité les plus compliqués à appréhender. Google l'attribue à trois éléments principaux : la performance globale du compte, le couple mot-clé/annonce et la performance d'un mot-clé. Concrètement, il leur accorde un bon Quality Score quand ils sont performants et pérennes. Cela active une sorte de cercle vertueux du score de qualité qui bénéficie à l'ensemble des éléments du compte.

Une modification maladroite de ces éléments ou une désactivation trop longue peut donc faire baisser votre Quality Score, et il est possible que votre position soit dégradée lors de la réactivation de votre annonce. On estime que l'effet positif de l'historique est totalement remis à zéro au bout de trois semaines d'inactivité d'une campagne.

L'objectif de Google est simple : vous inciter à ne pas interrompre vos campagnes pour conserver votre score de qualité !

Comment restructurer une campagne de liens sponsorisés en conservant mon Quality Score ?

Restructurer une campagne de liens sponsorisés est une opération fréquente au fur et à mesure qu'on optimise un compte. En effet, entre l'ajout de nouveaux mots-clés, le souhait de se donner plus de possibilités dans la gestion de la campagne et la personnalisation des annonces, on en arrive rapidement à devoir extraire et isoler des mots-clés dans un nouveau groupe d'annonces dédié.

Mais attention, la restructuration d'une campagne peut, si elle est mal entreprise, faire rapidement chuter le Quality Score. En effet, ce dernier est en partie fonction de la cohérence d'un couple mot-clé/annonce. Or, si ce couple est brisé, Google construira un nouveau score de qualité, en effaçant l'ancien.

Pour séparer un adgroup en deux, il est conseillé de suivre ces étapes.

1. Supprimez de l'adgroup original l'annonce avec le plus faible taux de clic. Si votre groupe d'annonces ne possède qu'une seule annonce, ignorez cette étape.

2. Créez un nouvel adgroup dans lequel vous déplacez les mots-clés souhaités depuis l'adgroup original.

3. Dupliquez l'annonce avec le meilleur taux de clic de l'adgroup original vers le nouveau. Et créez dans le nouvel adgroup au moins une nouvelle annonce pour concurrencer la plus ancienne.

4. Ajoutez également au moins une nouvelle annonce dans l'adgroup original pour concurrencer l'annonce restante.

83 Quels sont les impacts d'un site en Flash sur le Quality Score ?

Tout comme en référencement naturel, Google AdWords n'apprécie pas certaines technologies utilisées sur les sites web destinés à recevoir du trafic issu des liens sponsorisés, et c'est notamment le cas de Flash.

Cette technologie permet d'animer les sites web, mais reste très souvent illisible pour Google. Si du Flash est présent sur votre site pour quelques éléments seulement, cela ne devrait pas être pénalisant. Mais si l'intégralité du site web est en Flash, Google vous attribuera un très mauvais Quality Score.

Dès lors, avec ce mauvais Quality Score, il vous sera très difficile d'acheter des mots-clés redirigeant vers votre site. Les conséquences sont importantes pour votre référencement payant : des CPC moyens gonflés, mais surtout des enchères de première page très élevées !

L'enchère de première page vous indique, en fonction du Quality Score, le CPC max nécessaire pour apparaître sur la première page de résultats de Google. Et avec un site uniquement en Flash, cette enchère nécessaire peut atteindre un CPC max de 2 €, voire 4 € par clic ! Il est alors très difficile d'être rentable avec des CPC si élevés, même s'ils peuvent baisser par la suite avec l'amélioration de votre taux de clic, et donc de votre score de qualité.

Chapitre 8

Analyse et optimisation

Élémentaire, mon cher Google.

84 Comment améliorer la performance de mes annonces ?

L'amélioration des performances d'un compte passe en grande partie par l'optimisation des annonces. L'objectif est d'améliorer le taux de clic pour gagner en volume de conversions et en Quality Score.

Pour cela, je vous conseille de toujours disposer d'au moins trois annonces actives différentes par groupe d'annonces, en diffusion optimisée (voir question 61). Au bout de quelques jours, examinez leurs performances : sélectionnez celle qui a le moins bon taux de clic et désactivez-la. Créez une nouvelle annonce pour la remplacer, et laissez de nouveau tourner ces trois annonces quelques jours.

Répétez ce cycle d'optimisation régulièrement pour tous vos adgroups afin d'améliorer au fur et à mesure les performances de vos campagnes. Vous pouvez également prendre en compte le taux de conversion des différentes annonces. Toutefois, si l'annonce ayant le plus faible taux de clic est celle avec le meilleur taux de conversion, patientez un peu pour voir si les résultats évoluent. Surtout si votre objectif est de générer des conversions.

Quelles modifications apporter dans les différentes versions d'annonces ? Pour obtenir les meilleures pratiques et savoir quels éléments de l'annonce permettent d'optimiser les performances, je vous recommande d'effectuer des tests de changement de petits éléments d'annonce. Par exemple, mettez une version d'annonce sans balise Keyword dans le titre, et une avec, en laissant le reste de la description et de l'URL d'affichage identiques. En comparant les performances de ces deux annonces, vous saurez ce qui a concrètement permis à l'annonce gagnante de l'emporter, et vous pourrez appliquer ces bonnes pratiques sur les autres annonces de vos campagnes.

85 Comment améliorer le taux de clic de mes annonces ?

Pour améliorer le taux de clic d'une annonce, et donc votre score de qualité, les solutions sont multiples.

Vous pouvez jouer sur le positionnement en augmentant les CPC maximum de vos mots-clés. Avec une meilleure position, vos annonces auront forcément de meilleurs taux de clic, mais cela a un prix !

Vous pouvez aussi ajouter des mots-clés plus pertinents à votre groupe d'annonces (en développant notamment la longue traîne, voir question 13). Plus vos mots-clés seront spécifiques et appropriés, moins la concurrence sera rude et meilleur sera votre taux de clic.

N'hésitez pas non plus à optimiser vos annonces en modifiant le texte publicitaire, pour qu'elles soient plus attractives et percutantes (retrouvez mes conseils d'optimisation d'annonce à la question 84). Et pourquoi ne pas utiliser la balise Keyword d'insertion de mots-clés (voir question 53) ou encore tester différentes promesses commerciales ?

Enfin, dans un même groupe d'annonces, testez plusieurs annonces et repérez les bonnes pratiques des plus performantes.

 86 Comment améliorer mon Quality Score ?

Vous l'aurez compris, l'amélioration du Quality Score est primordiale pour baisser vos CPC réels et faire progresser vos positions par rapport à vos concurrents. Voyons ensemble comment optimiser ces indicateurs pour atteindre au moins le score de 7/10 pour la plupart de vos mots-clés et constater ainsi une réelle progression de votre positionnement et de votre rentabilité.

- Le premier et principal objectif est d'augmenter votre taux de clic. De l'aveu même de Google, il s'agit en effet de l'indicateur le plus important dans le calcul du Quality Score. Pour ce faire, il est tout d'abord indispensable de passer du temps sur l'optimisation de vos annonces. Créez-en au moins trois différentes avec des axes de communication distincts (incitation à l'action, avantages concurrentiels, rappel des mots-clés de l'adgroup, utilisation de la balise Keyword, etc.).

  Ensuite, il est primordial d'ajouter des termes exclus si vous achetez beaucoup de mots-clés en ciblage Large, afin d'améliorer la pertinence des impressions de vos annonces. Le Rapport sur les termes de recherche sera alors votre principal allié (voir question 87). En revanche, si votre budget quotidien est limité, privilégiez le ciblage Exact.

- La deuxième solution réside dans la structure de vos campagnes et, plus particulièrement, dans la cohérence des éléments inclus dans un groupe d'annonces, à savoir les mots-clés, les annonces et les URL de destination. Mettez en place des adgroups très segmentés et très précis, avec un nombre de mots-clés assez faible, ainsi que des annonces et des landing pages aussi ciblées que possible. Servez-vous des possibilités de pages de destination de votre site pour en déduire les mots-clés et les annonces qui seront compris dans un adgroup.

- Le troisième axe d'optimisation concerne vos pages de destination. Plus vous respecterez les recommandations de base du référencement naturel, meilleure sera la qualité de vos pages aux yeux de Google. Ainsi, votre landing page devra être riche en contenu texte, notamment en rapport avec le champ sémantique des mots-clés de votre adgroup. Il est également important d'améliorer le temps de chargement de vos pages. Pour cela, il existe l'outil Google Analytics pour obtenir des éléments statistiques précis sur vos pages. Sachez également que Google vérifie l'affichage de vos pages sur les mobiles et que cela influence votre score, aussi n'oubliez pas les aspects techniques.

Pour suivre l'évolution de votre Quality Score et vérifier si vos optimisations portent leurs fruits, je vous conseille d'ouvrir votre logiciel Excel et de vous rendre à la question 104.

87 Comment comprendre et exploiter efficacement le Rapport sur les termes de recherche ?

Le Rapport sur les termes de recherche est l'un des outils les plus importants dans l'optimisation d'une campagne AdWords. Vous le trouverez dans l'onglet Mots-clés, via le bouton Plus d'infos, soit pour les mots-clés préalablement sélectionnés, soit pour l'intégralité des mots du niveau où vous vous situez.

Vous pourrez ainsi connaître l'ensemble des termes saisis par les internautes ayant déclenché au moins une impression et un clic sur l'une de vos annonces. Ce rapport est disponible 48 heures après les clics effectifs : vous ne pouvez donc pas obtenir celui de la veille. Afin d'avoir des données significatives, je vous conseille de le lancer sur une période importante, d'au minimum deux semaines. Avant de l'analyser, pensez à y ajouter la colonne Mot-clé pour connaître le mot-clé qui a déclenché la diffusion de l'annonce sur le terme de recherche associé, ainsi que toutes les colonnes de performances qui vous intéressent.

Si vous achetez beaucoup de mots-clés en ciblage Expression et Large, votre rapport aura facilement plusieurs milliers de lignes. Il est donc préférable de le télécharger pour l'exploiter dans Excel.

Pour étudier au mieux ce rapport, voici la marche à suivre sur votre tableau.

1. Commencez par le filtrer en fonction de la colonne Ajoutée/Exclue en ne sélectionnant que les termes de recherche ayant pour valeur Aucune. Ainsi, vous vous focaliserez uniquement sur ceux qui n'ont pas été déjà achetés ou exclus du groupe d'annonces contenant le

mot-clé ayant déclenché la diffusion. Attention, ce filtre ne prend pas en compte le fait que le mot-clé a pu être acheté dans un autre groupe d'annonces.

2. Ajoutez des mots-clés pertinents à votre compte. Pour cela, triez votre liste de termes de recherche en fonction du nombre de conversions générées. Pour tous ceux qui ont plus d'une conversion, vérifiez si le coût par conversion n'est pas trop élevé. Si ce n'est pas le cas, il s'agit d'un mot-clé pertinent à ajouter au sein de vos campagnes. Pour la suite de l'analyse, pensez à retirer du rapport les lignes des termes à ajouter.

3. Vous pouvez maintenant détecter les termes de recherche non pertinents ayant généré des clics afin de les ajouter aux mots à exclure. Pour cela, filtrez votre Rapport sur les termes sans conversion, et triez par ordre décroissant dans la colonne des coûts. Étudiez ensuite un à un les termes de recherche et isolez le mot ou l'expression à exclure de vos campagnes, quand vous les jugez non pertinents par rapport à votre activité.

4. Normalement, il ne vous reste plus que des termes pertinents sans conversion. Parmi eux, détectez ceux qu'il serait intéressant d'intégrer dans une campagne. En effet, malgré leur absence de conversion, certains ont dû récolter un bon taux de clic et attirer les internautes.

    Il est donc probable que l'URL de destination (et par conséquent le mot-clé qui a déclenché l'annonce) n'était pas adaptée au terme de recherche ; c'est souvent le cas quand le ciblage Large est intervenu dans le déclenchement de l'annonce.

5. Filtrez votre Rapport sur les termes sans conversion, avec un type de correspondance Large, et triez par ordre décroissant la colonne CTR. Si votre rapport commence par des taux de clic à 100 % avec une impression et un clic, vous pouvez également filtrer la colonne des clics pour que seuls les mots avec un minimum de clics apparaissent. Étudiez les termes un à un pour juger de leur performance et vérifiez leur cohérence avec le mot-clé ayant déclenché l'annonce (colonne Mot-clé).

Effectuez cette analyse régulièrement et vous verrez les performances de vos campagnes s'améliorer sensiblement. Attention, si vous avez mis en place une campagne Shopping, les termes de recherche ayant généré des conversions viendront perturber vos analyses pour la campagne de liens classiques. Pensez donc à utiliser ce rapport spécifiquement pour la campagne Shopping dans le cadre de son optimisation (voir question 123).

Dans Bing Ads, ce rapport de performances est appelé « Requête de recherche » et se trouve dans l'onglet principal Rapports. Son segment de fréquence est « Mois » par défaut, mais passez-le à « Récapitulatif » si vous voulez obtenir une vision d'ensemble des termes de recherche.

 88 Comment savoir si mes annonces sont plus performantes en position Premium ?

Les positions en Zone Premium, au-dessus des résultats naturels, sont très prisées des annonceurs, car elles offrent le maximum de visibilité et de trafic. Mais comment mesurer l'apport de la Zone Premium par rapport à une position latérale sur la page de résultats de recherche ? Et comment vérifier si ces positions, qui entraînent généralement une hausse des dépenses, sont rentables pour un annonceur ?

Google AdWords permet par le biais d'un segment d'isoler les performances de vos annonces positionnées en Premium pour comparer les emplacements. Pour cela, activez le segment «Au-dessus ou autres» dans les onglets Campagnes, Groupes d'annonces, Mots-clés, Annonces ou Extensions d'annonces (voir figure page suivante). Vous aurez ainsi le détail du trafic drainé par réseau (Recherche Google, Partenaires de Recherche, réseau Display), et celui du positionnement sur les réseaux en fonction de l'affichage des annonces, «Au-dessus» (Zone Premium) ou «Autres» (Zone latérale ou basse).

Vous pourrez alors constater l'écart, souvent important, de taux de clic entre les deux emplacements, mais également la part de vos impressions en Premium, et comparer les conversions générées (et donc votre rentabilité) en fonction de votre position. Selon vos performances, adaptez votre stratégie de positionnement !

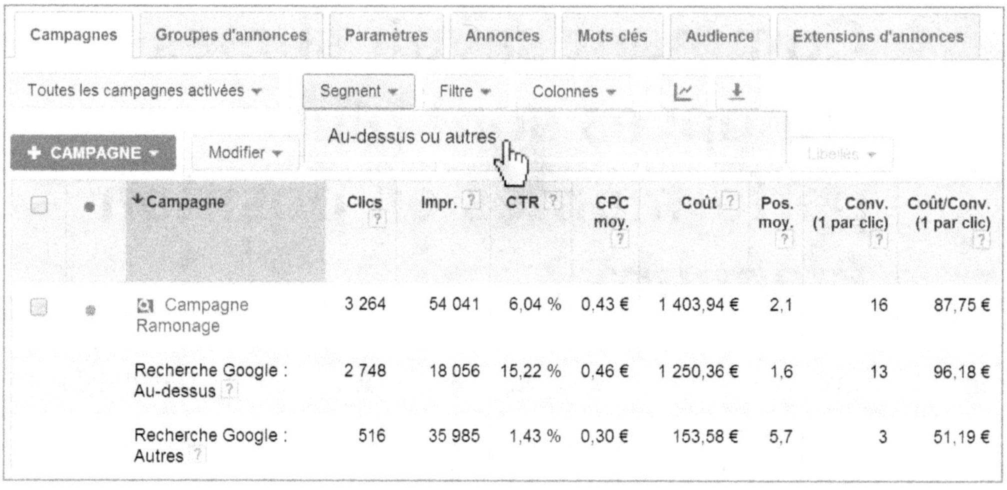

Performances par emplacement de l'annonce

Comment mesurer et améliorer mon taux de couverture ?

On appelle «taux de couverture» (ou «part de voix») l'indicateur de mesure permettant à l'annonceur de juger de l'efficacité de sa présence publicitaire par rapport à ses concurrents. En liens sponsorisés, on le rapproche du taux d'impressions.

Ce taux d'impressions est le ratio entre le nombre d'impressions effectives d'une annonce publicitaire et le nombre total d'impressions auquel cette même annonce aurait pu prétendre. Il s'agit d'un pourcentage : plus il est élevé, meilleur est le taux de couverture d'un lien sponsorisé.

Il est très rare d'atteindre un taux d'impressions de 100 %, et ce, pour deux raisons :

- un capping budgétaire trop bas qui engendre la coupure de diffusion ;

- un positionnement trop faible (à partir de la deuxième page de résultats).

Google AdWords vous donne plus d'informations sur ce taux d'impressions à différents endroits de votre compte, via l'ajout de colonnes adaptées.

- Le **taux d'impressions** général sur le réseau de recherche ou sur le réseau Display est précisé au niveau de la campagne, du groupe d'annonces et du mot-clé.

- L'information du **taux d'impressions perdues à cause du budget trop faible** est indiquée au niveau de la campagne. Elle vous permet de vous rendre compte du nombre d'impressions manquées à cause de votre limite budgétaire.

- Le **taux d'impressions perdues à cause du classement** est visible au niveau de la campagne, du groupe d'annonces et du mot-clé. Cet indicateur affiche la part d'impressions qui n'ont pas été générées à cause d'une position trop basse dès la deuxième page de résultats, souvent après la position 11 (liée à un Quality Score et une enchère trop faibles, ou à une concurrence féroce).

- Enfin, le **taux d'impressions pour le mot-clé exact** est disponible dans les onglets Groupes d'annonces et Mots-clés. Vos choix de ciblages influencent votre diffusion, les requêtes sur lesquelles vous apparaissez, et donc votre taux d'impressions. Cet indicateur vous donne le taux d'impressions de votre mot-clé avec une vision de ciblage Exact (quel que soit son ciblage effectif). Vous aurez ainsi une vision claire et compréhensible pour baser vos optimisations.

Grâce à ces informations, essayez de jouer sur votre capping budgétaire, vos CPC max et votre Quality Score pour optimiser votre couverture publicitaire et donc vos performances.

90 Comment obtenir une meilleure position que l'annonce sponsorisée de mon concurrent ?

Pour obtenir une meilleure position que votre concurrent dans le classement des liens sponsorisés, deux leviers principaux s'offrent à vous : l'augmentation de votre niveau de CPC max et le Quality Score.

Le niveau de l'enchère est le moyen auquel on pense tout de suite, car il a l'avantage d'être efficace immédiatement sur votre positionnement, mais il n'est pas forcément suffisant. Même s'il s'agit d'un levier important, l'augmentation du coût par clic ne sera pas efficace si les différences de Quality Score avec votre concurrent sont trop grandes. En effet, le score de qualité va jouer un rôle primordial dans le placement de vos annonces : votre positionnement est le produit de la multiplication entre votre CPC max et votre Quality Score (voir question 80).

Par conséquent, chacun des paramètres joue à 50 % dans le positionnement final, et un concurrent avec un CPC max plus faible peut obtenir une meilleure position grâce à son score de qualité !

Dès lors, cherchez à améliorer le taux de clic de vos annonces et à augmenter le nombre de mots-clés non pertinents à la liste de mots exclus. Si vous combinez cela à une légère hausse de CPC, vous devriez sans trop de mal passer devant vos concurrents, s'ils n'ont pas opté pour un CPC max trop important.

Pour vérifier le positionnement de vos concurrents sur les mots-clés en commun, consultez le Rapport d'analyse des enchères proposé par AdWords (voir question 119). Il vous donnera une vision assez juste des stratégies de positionnement de vos rivaux.

91 Si j'atteins tous les jours mon budget quotidien, comment puis-je générer plus de trafic ?

Quand on mène une campagne de liens sponsorisés, on dispose rarement d'un budget illimité. Au contraire même, le montant alloué aux liens sponsorisés est souvent restreint, et donc intégralement dépensé chaque jour. Pourtant, même si votre budget est entièrement dépensé quotidiennement, vous avez la possibilité de générer plus de trafic. Et pour cela, il va falloir baisser les CPC moyens de vos mots-clés.

Avant d'entamer vos optimisations, définissez l'ampleur de votre potentiel de trafic perdu à cause de votre limite budgétaire. Pour cela, dans l'onglet Campagnes, affichez la colonne «Taux d'impressions perdues pour cause de budget». Plus ce taux sera élevé, plus cela indiquera que votre budget quotidien est faible par rapport à votre potentiel. Si votre mode de diffusion des annonces est Accéléré, vous pouvez également utiliser le segment Durée>Heure de la journée pour voir jusqu'à quelle heure vos annonces étaient diffusées la veille.

Une fois ces constats menés, vous pouvez commencer l'optimisation qui consiste à réduire le trafic non qualifié et trop cher, pour en favoriser un moins coûteux et plus important. La principale précaution à prendre est de ne pas trop réduire les CPC max des mots-clés générant des conversions à un coût de conversion acceptable pour vous.

Pour augmenter le trafic à faible coût, vous pouvez baisser les CPC max des mots-clés les plus chers et les moins rentables. Sur les mots-clés en ciblage Large les moins performants, n'hésitez pas à modifier leur ciblage vers Expression ou Exact.

Pensez aussi à exclure des mots-clés non pertinents grâce au rapport des termes de recherche (voir question 87), ils vous permettront de ne plus payer pour du trafic non qualifié. Enfin, analysez vos performances en fonction des zones géographiques, des appareils et des jours et heures de diffusion pour ajuster vos enchères à la baisse sur les éléments les moins rentables.

Toutes ces opérations vous permettront de toujours atteindre votre capping quotidien, mais en générant un trafic bien plus important pour le même budget. Et si vos optimisations vous empêchent désormais de dépenser l'intégralité de votre budget du jour, n'hésitez pas à ajouter de nouveaux mots-clés avec des CPC max faibles pour tenter de découvrir de nouvelles niches qui pourront s'avérer rentables.

92 Comment connaître les performances d'une campagne par jour de la semaine et heure de la journée ?

Google AdWords propose des rapports détaillés pour connaître vos performances de diffusion d'annonces en fonction du moment de leur diffusion. Ainsi, vous avez la possibilité d'obtenir ces informations par jour de la semaine, mais également par heure. Vos annonces sont-elles plus souvent cliquées en soirée ? Quel jour de la semaine votre rentabilité est-elle meilleure ?

Afin d'utiliser le Calendrier de diffusion de façon adéquate et de l'ajuster au mieux pour améliorer vos performances, il est indispensable de faire les bons constats. Pour cela, il existe trois moyens d'accéder aux rapports qui vous aideront à trouver les réponses à vos questions.

- Tout d'abord, rendez-vous dans l'onglet Variables de votre interface et choisissez la sélection Durée dans le paramètre d'affichage. Vous aurez ainsi le choix parmi des analyses par heure de la journée, jour, semaine, mois, trimestre et année, concernant l'intégralité de votre compte AdWords, ou dans l'élément de structure que vous avez sélectionné.

- Les onglets Campagnes, Groupes d'annonces, Annonces, Mots-clés et Extensions d'annonces vous donnent également accès à cette information par le bais du segment Durée. Concernant les Heures de la journée, ce segment est juste disponible aux niveaux Campagnes et Groupes d'annonces.

- Enfin, vous trouverez également ces informations via l'onglet Paramètres, dans le sous-menu «Calendrier de diffusion des annonces» au niveau de chaque campagne. Cliquez enfin sur le bouton «Informations sur le calendrier» et vous retrouverez les statistiques par jour ou par heure.

Accès aux performances par jour et par heure

Par ces différents rapports, vous constaterez peut-être que les clics effectués en pleine nuit ne génèrent jamais de conversion, mais que vous avez de meilleures performances les dimanches. Grâce au Calendrier de diffusion, vous pourrez par exemple couper la diffusion d'annonces entre 2 h et 7 h du matin, et augmenter de 20 % les CPC max de vos mots-clés le dimanche (voir question 62).

93 Quelle est la différence entre les clics convertis et les conversions ?

Si vous activez le suivi des conversions, AdWords met à votre disposition deux colonnes nommées Clics convertis et Conversions. La première (précédemment appelée « Conv. 1 par clic ») comptabilise au maximum une conversion par clic AdWords, même si l'internaute réalise plusieurs conversions après être arrivé sur votre site. Pendant 30 jours (durée du cookie par défaut) après le clic sur votre annonce, si l'internaute revient sur votre site et réalise une seconde conversion, celle-ci ne sera pas remontée dans cette colonne.

La colonne Conversions (précédemment appelée «Conv. plusieurs par clic») comptabilise les actions des internautes en fonction de votre paramétrage dans le suivi de conversion. Ses données seront similaires à celles de la colonne Clics convertis si votre conversion est paramétrée en Conversions uniques. En revanche, si vous avez choisi le paramètre Toutes les conversions, toutes les actions générées par un internaute dans les 30 jours après son clic sur votre lien sponsorisé seront décomptées.

Le choix du mode de conversion que vous souhaitez suivre est important, car l'interprétation de vos performances en dépend. En effet, cela aura un impact sur les données de taux de conversion et de coût par conversion. Le mode «Conversions uniques» permet d'avoir un suivi clair de l'acquisition de client unique, particulièrement utile en e-commerce, tandis que le mode «Toutes les conversions» offre une vision globale des actions réalisées sur votre site depuis vos liens sponsorisés.

Pour afficher la vision de suivi des conversions qui vous convient, ajoutez la colonne souhaitée dans votre interface. Notez que la colonne Valeur de conversion indique le chiffre d'affaires lié à la colonne Conversions.

94 Pourquoi le nombre de conversions générées change-t-il sur l'interface AdWords plusieurs jours après ?

Si vous avez installé le suivi des conversions AdWords, vous comptabilisez les conversions effectuées directement sur AdWords. En regardant vos performances de la veille, et en retournant voir celles de cette même journée quelques jours après, vous remarquerez sans doute que le nombre de conversions attribuées à vos campagnes a augmenté ! Les informations de clics et coûts n'ont cependant pas bougé.

Pour expliquer cette évolution, il faut revenir sur le fonctionnement de cette option. Les informations de conversions ne sont pas rapportées sur AdWords le jour de l'action, mais elles sont liées au clic de l'internaute sur le lien sponsorisé, et donc au jour où ce clic a été effectué.

Ainsi, si un internaute clique sur votre annonce publicitaire le 1er janvier, mais effectue un achat sur votre site le 15 janvier, une conversion supplémentaire sera attribuée au mot-clé ayant entraîné l'affichage du lien sponsorisé sur la journée du 1er janvier. La durée du cookie étant de 30 jours par défaut (paramétrable entre 7 et 90 jours), vos conversions peuvent évoluer jusqu'à ce délai après l'enregistrement d'un clic. Cette réflexion est d'autant plus importante à intégrer si vous vendez des produits chers ou nécessitant un long temps de réflexion avant achat.

Par ailleurs, même si un internaute utilise un autre canal d'acquisition de trafic qu'AdWords pour revenir sur votre site et effectuer sa conversion, le mot-clé enregistrera la conversion dans l'interface AdWords (sur

Google Analytics, c'est la dernière source de trafic « hors Direct » qui se verra attribuer la conversion).

En revanche, si l'internaute passe par un clic sur un autre mot-clé AdWords pour revenir sur votre site et effectuer une conversion, c'est ce dernier mot-clé qui enregistrera la conversion sur l'interface, au détriment du premier mot-clé ayant généré la visite d'origine. C'est souvent le cas des mots-clés marque qui peuvent ainsi se voir attribuer la conversion d'un autre mot-clé acheté. Pour connaître le nombre exact de conversions auxquelles a participé un mot-clé, rendez-vous à la question 95.

95 Comment connaître les vraies statistiques de conversion de mes mots-clés ?

Cette question peut paraître étrange, mais elle est pourtant légitime. Le suivi des conversions AdWords attribue au dernier clic sur un lien sponsorisé une conversion quand une action a été enregistrée. Mais que se passe-t-il quand un internaute clique sur deux de vos liens sponsorisés (liés à deux mots-clés différents) avant d'effectuer une conversion ? Dans ce cas, Google attribue la conversion au dernier mot-clé cliqué. Et dans votre interface, le premier mot-clé n'enregistrera pas de conversion directement, alors qu'il a potentiellement contribué à l'achat.

Quand on analyse le comportement des internautes, on remarque qu'il est fréquent qu'un internaute découvre un site web par des mots-clés hors marque (génériques ou spécifiques), et qu'il revienne sur le site plus tard en cherchant la marque (le nom du site) sur Google. Si vous achetez votre mot-clé marque et que l'internaute clique sur votre lien sponsorisé marque avant d'effectuer sa conversion, c'est votre marque qui enregistrera une conversion.

Puisque l'information ne remonte pas dans les colonnes « Clics convertis » et « Conversions », Google a mis en place les entonnoirs de conversion pour les recherches, afin d'obtenir une vision plus précise des mots-clés qui ont aidé à générer une conversion. Cette fonctionnalité un peu cachée vous donne des informations très intéressantes sur le comportement de vos internautes qui ont effectué une conversion sur votre site.

Pour y accéder, rendez-vous dans l'onglet principal Outils et cliquez sur le menu Conversions. Une fois sur la page, cliquez sur le lien en bas à gauche qui se nomme «Entonnoirs de conversion pour les recherches».

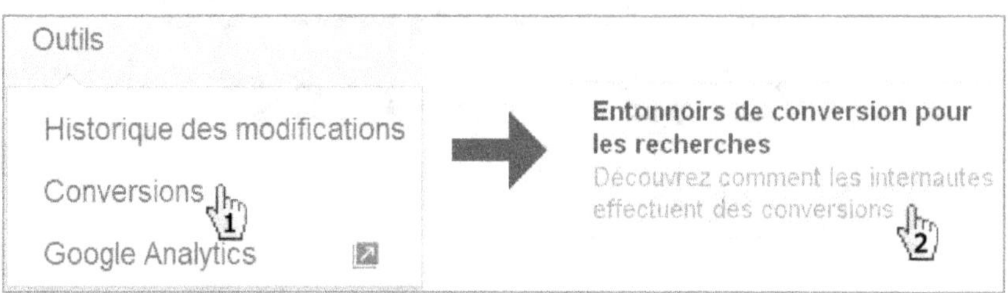

Accès à l'entonnoir de conversion AdWords

Une fois dans l'outil, l'interface est bien différente de celle d'AdWords et se rapproche fortement de celle de Google Analytics, avec un nouveau menu latéral vous donnant accès à de nombreuses informations intéressantes.

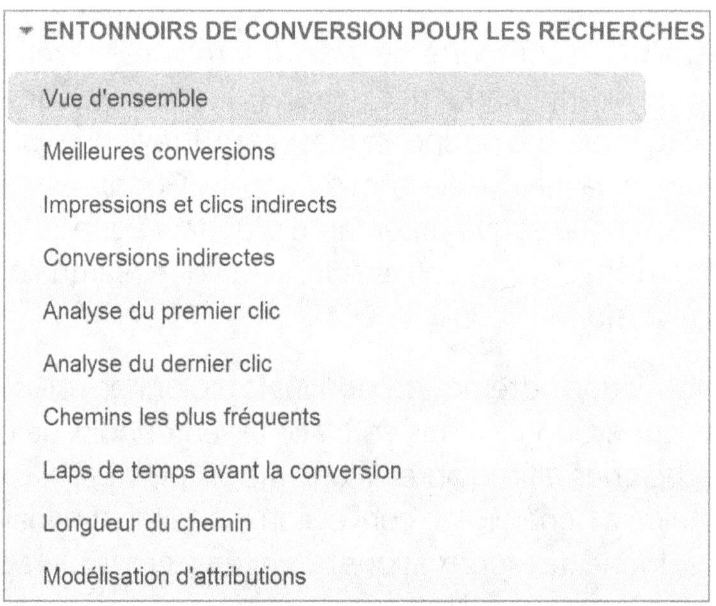

Rapports de l'entonnoir de conversion AdWords

Pour connaître les mots-clés qui ont généré des conversions indirectes, c'est-à-dire qui n'ont pas été les derniers cliqués par les internautes qui ont converti sur votre site, rendez-vous dans le menu Conversions indirectes. Dans le menu présent au-dessus de la date, vérifiez bien que votre conversion principale est sélectionnée. Vous pouvez également modifier la durée du cookie pour l'analyse : 30, 60 ou 90 jours.

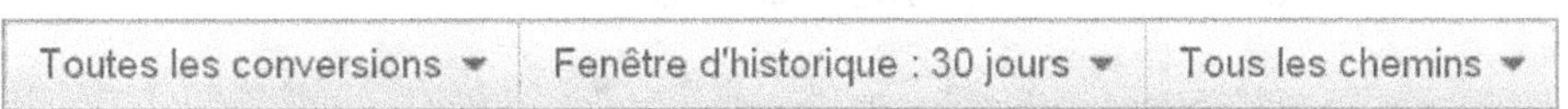

Paramètres disponibles de l'entonnoir de conversion

Par défaut, les informations de conversions indirectes associées à un clic sont affichées, et ce sont celles qui nous intéressent. Vous y trouverez la liste des campagnes, des groupes d'annonces et des mots-clés ayant participé à une conversion, que ce soit au niveau du dernier clic ou d'un clic précédent ! Il est primordial de prendre en compte ces informations (ainsi que celles de chiffres d'affaires fournies) pour optimiser au mieux vos campagnes.

96 Puis-je connaître le nombre de fois où un client a cliqué sur mes liens sponsorisés avant d'acheter ?

Le parcours d'achat d'un client est souvent complexe sur Internet : il va s'informer, comparer, prendre son temps, et sans doute revenir plusieurs fois sur votre site avant de concrétiser son achat. Il utilise ainsi différents canaux d'acquisition pour retrouver votre site, et il est probable également qu'il clique sur plusieurs de vos liens sponsorisés.

Par le biais des entonnoirs de conversion pour les recherches, un outil disponible dans l'onglet Outils, menu Conversions d'AdWords (voir question 95), vous pouvez obtenir une vue plus précise du comportement des internautes ayant enregistré une action sur votre site.

Pour connaître le nombre moyen de clics sur vos annonces AdWords qui sont enregistrés en moyenne avant qu'une conversion soit effectuée, rendez-vous dans le menu «Longueur du chemin». Vous accéderez à la part de conversions qui sont réalisées après 1 clic, 2 clics, 3 clics, etc., sur vos liens sponsorisés.

Le menu «Laps de temps avant la conversion» vous indiquera quant à lui le temps moyen passé entre l'affichage de votre première impression d'annonce et la conversion. Cette analyse, accessible «depuis le premier clic» et également «depuis le dernier clic», vous livre des informations intéressantes sur le comportement de vos acheteurs.

Enfin, le menu «Chemins les plus fréquents» dévoile exactement le cheminement de l'internaute sur vos liens sponsorisés avant d'acheter sur votre site. Par défaut, l'analyse est disponible sur une longueur de chemin de 2 ou plus, c'est-à-dire au moins 2 clics sur vos liens sponso-risés. Vous pouvez bien sûr modifier ce paramètre.

Longueur du chemin : 2 ou plus ▼

Menu « Longueur du chemin » de l'entonnoir de conversion

Vous accéderez dans un premier temps aux différentes campagnes qui ont fait partie de ces chemins de conversions. Mais de nombreuses autres variables d'analyses sont disponibles : les chemins de groupe d'annonces, de mots-clés, et surtout des requêtes exactes saisies par les internautes.

Toutes ces analyses vous permettront de mieux comprendre les inter-actions entre vos clients et vos liens sponsorisés. Si vous souhaitez en obtenir de semblables, mais prenant en compte l'intégralité de vos canaux d'acquisition, utilisez les rapports des entonnoirs multicanaux de Google Analytics.

97 Dois-je désactiver les mots-clés non performants ?

La désactivation de mots-clés non performants est une question inté-ressante. Si elle est a priori une solution logique à la contre-performance d'un mot-clé, elle n'est pas à systématiser.

En effet, il est possible que votre mot-clé ne soit pas rentable dans sa position actuelle, mais avez-vous essayé de le positionner autrement (et notamment sur des positions plus basses) ? Peut-être qu'avec une position plus faible, et donc le plus souvent un coût moins élevé, sa rentabilité augmentera ?

Par ailleurs, la saisonnalité ou une offre temporaire d'un concurrent peuvent parfois expliquer une baisse des résultats sur un mot-clé.

Enfin, observez la concurrence sur ce même mot-clé : quels éléments sont mis en avant par vos concurrents ? N'avez-vous pas un atout concurrentiel fort que les autres n'ont pas et sur lequel vous pourriez insister dans votre annonce ? L'objectif est simple : vous démarquer, et améliorer ainsi vos performances.

Donc ne désactivez pas tout de suite un mot-clé pertinent mais peu performant. Soyez indulgent, laissez-lui une deuxième chance, et tentez une autre stratégie qui peut s'avérer gagnante !

 Comment comparer les performances de mes campagnes entre deux périodes ?

Pour suivre l'évolution de vos performances, il est important de pouvoir comparer les statistiques entre deux périodes différentes (par exemple, deux semaines ou deux mois complets). L'utilisation des segments vous facilitera alors la vie.

Ainsi, pour mettre en parallèle les performances du mois de juin par rapport au mois de mai, sélectionnez votre période du 1er mai au 30 juin et activez le segment Durée>Mois. D'un coup d'œil, vous visualiserez les performances des différents éléments de vos campagnes.

Pour comparer les résultats de deux intervalles personnalisés, comme deux périodes de soldes différentes ou les 15 premiers jours de deux mois, vous pouvez vous servir de la fonctionnalité de comparaison de périodes. Pour cela, cliquez sur la période de votre interface AdWords pour la modifier, puis sur le bouton Comparaison en bas du menu (voir figure page suivante). Ce dernier va s'élargir pour vous permettre de choisir parmi les trois options suivantes.

- **Période précédente :** AdWords compte le nombre de jours de votre période principale et compare vos performances à la même période précédente (même nombre de jours, se terminant la veille du début de votre période principale).

- **Même période l'année dernière :** comme son nom l'indique, cette option compare votre période principale à celle de l'année précédente.

- **Personnalisé :** vous allez pouvoir sélectionner les jours permettant de définir la période comparée.

Activation de la comparaison de périodes

Une fois que vous avez sélectionné votre période principale et votre période comparée, et quel que soit le niveau de structure que vous visualisez, AdWords affichera un graphique comparant les performances des deux cycles (en calant les deux courbes sur les mêmes jours de la semaine).

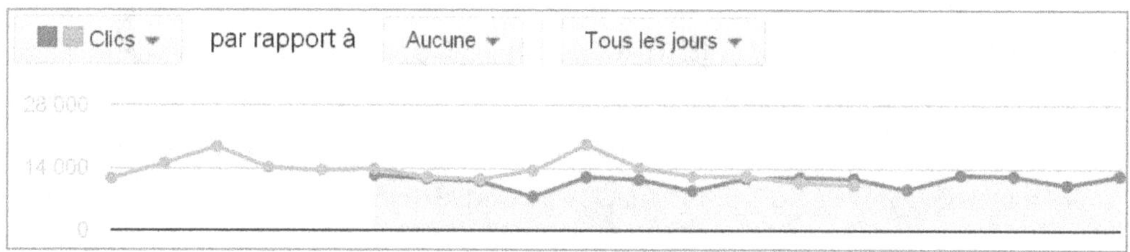

Graphique de comparaison de périodes

Dans le rapport qui suit le graphique apparaissent les informations de la période principale, avec un signe + présent dans les en-têtes des colonnes. En cliquant sur celui d'un indicateur de performance, le rapport s'élargit et indique les valeurs pour chacune des deux périodes, l'écart entre les deux valeurs, ainsi que le pourcentage de variation par rapport à la période comparée (voir figure page suivante).

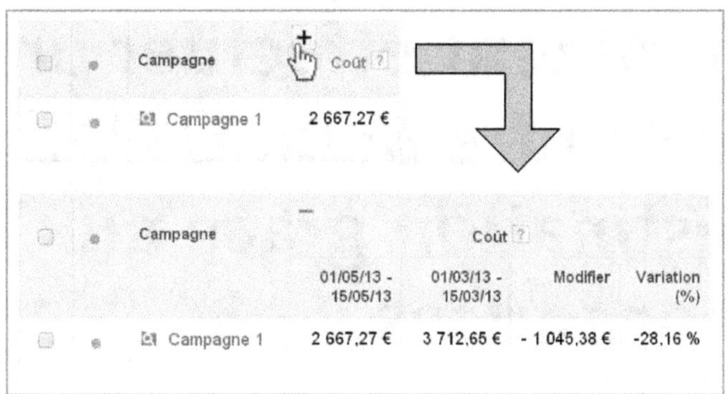

Affichage du détail des périodes comparées

Cette finesse d'analyse est disponible dans les principaux onglets de structure des liens sponsorisés et dans l'onglet Variables.

Une fois la période de comparaison activée, vous avez également la possibilité d'utiliser des filtres avancés sur les trois nouvelles colonnes disponibles par indicateur. Vous pouvez par exemple filtrer sur l'ensemble des éléments qui ont connu une baisse de dépenses supérieure à 50 % depuis la période comparée.

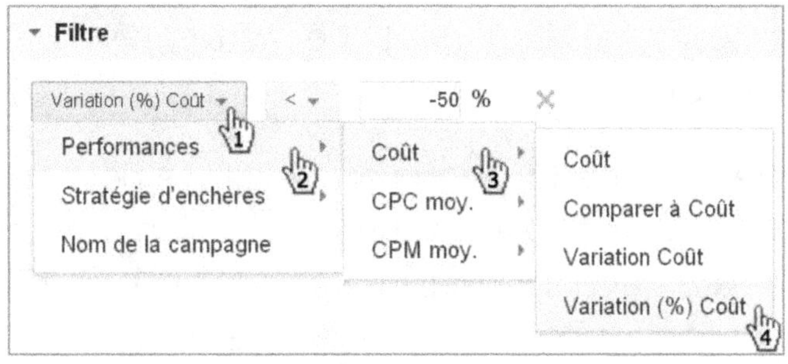

Utilisation des périodes comparées dans les filtres

Ces nouvelles options de filtrage sont très utiles pour identifier rapidement les éléments de votre compte dont les performances ont évolué, que ce soit à la hausse ou à la baisse.

Comment effectuer un test A/B entre deux URL de destination grâce aux liens sponsorisés ?

Le test A/B (ou A/B Testing) est un procédé utile pour juger de la performance d'une page web, via la comparaison de deux versions. Il consiste à envoyer 50 % des internautes vers la version A d'une page, et l'autre moitié vers la version B, afin d'en déduire laquelle est la plus performante. Ces versions se distinguent souvent par des différences d'ergonomie ou de contenu. C'est une technique d'optimisation proposée par de nombreuses solutions logicielles payantes.

Mais saviez-vous que vous pouviez vous passer d'outil externe pour organiser des tests A/B grâce à votre campagne de liens sponsorisés ? Pour cela, créez une nouvelle campagne dédiée au test. Dans un adgroup, achetez des mots-clés redirigeant du trafic qualifié vers les pages que vous souhaitez tester. Très important : ne mettez pas d'URL de destination sur vos mots-clés !

Dupliquez votre annonce (qui est la seule utilisée pour ce test) au sein de l'adgroup. Puis ajoutez pour chacune des versions un lien unique vers l'une des pages à tester dans l'URL de destination. Vous pouvez ajouter autant d'annonces avec des textes identiques qu'il y a de versions de pages à tester.

Dernier réglage : dans les Paramètres de campagne, choisissez une diffusion alternée des annonces (voir question 61). Voilà, votre A/B Testing est prêt à fonctionner !

Assurez-vous que le code de tracking est fonctionnel, cela vous permettra de remonter les conversions que vous comparerez grâce aux performances des annonces, chacune d'elles recevant le même volume de trafic, et représentant une version testée différente de la page.

Si vous souhaitez approfondir les tests sur vos campagnes et comparer divers éléments entre eux, Google vous propose d'utiliser une fonctionnalité nommée campagne test. Le paramétrage avancé de cette option est détaillé à la question 111.

100 Comment effectuer des modifications groupées sur AdWords ?

Pour effectuer de nombreuses modifications sur votre compte AdWords en un minimum de temps, rien de mieux que l'utilisation du logiciel Google AdWords Editor. L'avantage majeur de cet outil est de pouvoir utiliser des copier-coller et des exports dans Excel.

Les principales fonctionnalités de modifications en masse sont disponibles sur AdWords Editor : l'ajout ou la mise à jour de plusieurs mots-clés en même temps, l'activation ou la mise en veille de plusieurs éléments, mais également des possibilités de remplacement ou d'ajout de texte pour les mots-clés et les annonces, la modification en masse d'URL de destination, et la modification avancée des enchères permettant de les moduler en fonction d'un pourcentage ou d'un montant. Pour plus d'informations sur le téléchargement de ce logiciel, rendez-vous à la question 112.

L'interface web d'AdWords propose également ces fonctionnalités par le biais du bouton Modifier, présent au-dessus du tableau de statistiques sur les différents onglets. Pour ne sélectionner que les éléments que vous souhaitez modifier en une fois, utilisez les filtres avec les conditions voulues (soit de performances, d'état, ou autres).

Sur tous ces onglets, vous pouvez activer, mettre en veille ou supprimer les différents éléments sélectionnés. L'onglet Campagnes vous permet en plus d'appliquer une modification du capping budgétaire des campagnes sélectionnées. Au niveau Groupes d'annonces, vous pouvez définir, augmenter ou baisser les CPC max indiqués au niveau des adgroups sélectionnés.

Avec l'onglet Annonces, vous avez la possibilité de modifier les annonces sélectionnées en remplaçant un texte particulier dans un élément de l'annonce, en ajoutant un texte automatiquement avant ou après un texte défini, ou bien en modifiant la casse, c'est-à-dire votre utilisation des majuscules. Vous pouvez également copier les annonces sélectionnées dans d'autres campagnes et groupes d'annonces.

L'onglet Mots-clés vous permet d'apporter des modifications sur les CPC max, de modifier le texte des mots-clés (remplacer ou ajouter du texte), de changer de ciblage ou de modifier les URL de destination. La copie des mots-clés dans d'autres campagnes et groupes d'annonces est également disponible.

Vous pouvez prévisualiser les modifications, avant leur application, pour vérifier l'impact des changements que vous vous apprêtez à mettre en place.

Prenons en exemple un cas concret d'utilisation des modifications groupées au niveau des mots-clés : imaginons que vous avez un groupe d'annonces avec des mots-clés comprenant des mots génériques sur les produits que vous vendez. Vous souhaitez ajouter facilement les mots-clés reprenant ces termes précédés par le mot « achat ». Rendez-vous dans l'adgroup, sélectionnez l'intégralité des mots-clés et choisissez « Modifier le texte du mot-clé ».

Sélectionnez l'action « Ajouter du texte », entrez le mot « achat » (n'oubliez pas d'inclure un espace après le terme), cochez les cases « Avant le texte existant » et « Dupliquer les mots-clés sélectionnés, puis ajoutez du texte dans les doublons » (voir figure page suivante). Prévisualisez les modifications, et si tout vous convient, confirmez-les. Les nouveaux mots-clés garderont les ciblages et les enchères des mots-clés de base.

Modifier le texte du mot clé (500 mots clés sélectionnés)

Action   Ajouter du texte ▾

Ajouter du texte   achat

○ Après le texte existant
● Avant le texte existant

☑ Dupliquer les mots clés sélectionnés, puis ajouter du texte dans les doublons

Affichage de l'élément "mots clés" qui sera créé.

Entité (mots clés) actuelle	Nouvelle valeur "mots clés" (la valeur "mots clés" actuelle sera conservée)
[clé usb]	[achat clé sub]

Apporter des modifications   Prévisualiser les modifications   Annuler

Outil de modification en masse des mots-clés

L'intégralité des modifications en masse effectuées par le biais du bouton Modifier sont répertoriées dans l'Historique des modifications (voir question 75), mais sont également disponibles dans le sous-menu «Modifier en masse» du menu latéral gauche nommé «Opérations groupées».

Notez que le logiciel AdWords Editor dispose d'une fonctionnalité qui n'est pas présente sur l'interface web de Google, à savoir la recherche automatique de doublons. Pour les identifier dans un même compte, rendez-vous dans le menu Outils du logiciel et sélectionnez «Rechercher les mots-clés en double». Par ce biais, vous pourrez détecter et isoler les doublons, et définir si vous souhaitez les conserver ou les supprimer. Pour plus d'informations sur ces doublons, rendez-vous en question 38.

 101 Comment télécharger un rapport et automatiser son envoi par e-mail ?

Chaque tableau de statistiques figurant dans l'interface AdWords peut être téléchargé sous forme d'un tableur. Pour cela, cliquez sur le pictogramme représentant une flèche orientée vers le bas, situé au-dessus du tableau.

Accès au téléchargement d'un rapport

Par défaut, le rapport se télécharge au format CSV (ouverture via Excel). Mais vous avez la possibilité de changer de format, ou encore de modifier d'autres paramètres liés à ce rapport, comme la fréquence d'envoi par e-mail.

Dans un premier temps, choisissez le format de téléchargement du rapport (repère **A** sur la figure page suivante) ; plusieurs formats de tableur ou de flux sont disponibles. Vous pouvez également télécharger le rapport en PDF (qui inclura le graphique).

Pour la plupart des rapports, vous avez la possibilité d'ajouter un ou plusieurs segments (**B**). Ces derniers permettent de segmenter les résultats en fonction des variables demandées. Vous pouvez ainsi cumuler plusieurs représentations de votre rapport au sein d'un même fichier.

Planifier la création du rapport et le télécharger

A Format Excel (.csv) ▼

B Segment [?] + Ajouter un segment

Modifiable ? ☐ [?]

☐ Planifier la création du rapport et l'envoyer par e-mail

C Envoyer à ○ Aucun (aucun e-mail nécessaire)

○ Moi uniquemement (email@monsite.com)

● Tous les utilisateurs du compte qui peuvent visualiser des rapports

○ Utilisateurs spécifiques du compte et moi [?]

D Fréquence Premier jour du mois ▼

E ☑ Enregistrer ce rapport Rapport sur les performa

Le rapport sera enregistré dans "Rapports et transferts".

[Télécharger] Annuler

Paramétrage du téléchargement d'un rapport

La fonctionnalité de planification du téléchargement du rapport permet de recevoir à fréquence régulière le rapport généré par e-mail. Pour cela, assurez-vous de le paramétrer avec une période d'analyse non personnalisée. Faites en sorte de bien sélectionner une période prédéfinie (et, si vous le souhaitez, une période comparée prédéfinie). Enfin, retenez que les filtres appliqués et les colonnes affichées seront strictement repris dans le rapport programmé.

Sélectionnez le ou les utilisateurs du compte AdWords qui recevront le rapport par e-mail (**C**), puis une fréquence d'envoi (**D**) : ponctuel (une seule fois), tous les jours, le premier jour de chaque mois ou toutes les semaines (avec la possibilité de choisir le jour de la semaine). Enfin, enregistrez et nommez le rapport (**E**) afin de pouvoir l'identifier si vous le programmez.

Vous pouvez créer votre rapport pour lancer son téléchargement immédiat au bout de quelques secondes, et valider la planification de l'envoi si vous l'avez choisie. Si vous le programmez, vous recevrez à la fréquence souhaitée un e-mail contenant un lien pour télécharger le fichier. Pour des questions de sécurité, vous devrez au préalable vous connecter à votre compte AdWords.

Pour gérer l'ensemble des rapports que vous avez planifiés, accédez au menu Rapports et transferts, situé dans le menu latéral gauche sous la liste de vos campagnes. Vous y retrouverez le récapitulatif de chacun des paramètres précédemment téléchargés ou planifiés.

Dans cette interface, vous pouvez supprimer des rapports planifiés, mais aussi modifier tous les paramètres de chaque rapport. Dans la colonne la plus à droite, AdWords vous propose de télécharger maintenant le rapport en question, ou d'en créer un similaire avec les mêmes paramètres de départ.

 **102** # Je reçois plus de clics que d'impressions sur certains mots-clés, comment est-ce possible ?

En étudiant précisément les performances de vos mots-clés, et notamment le rapport des termes de recherche, il est possible que le nombre d'impressions soit plus faible que le nombre de clics associés. Cela arrive fréquemment pour des termes de recherche avec très peu d'impressions. Ainsi, vous pouvez constater qu'un mot-clé a enregistré sur une période donnée 1 impression et 2 clics, et donc obtenir un taux de clic supérieur à 100 %.

Ce phénomène s'explique principalement par le fait que les internautes peuvent cliquer plusieurs fois sur votre annonce, notamment lorsqu'ils comparent avec vos concurrents et cliquent sur les liens en ouvrant de nouveaux onglets. Par ailleurs, si un internaute clique sur votre annonce puis revient sur la page de résultats du moteur de recherche à l'aide du bouton Précédent de son navigateur, cela n'est pas comptabilisé comme une nouvelle impression.

Google a bien compris cette tendance et ne considère pas tous les clics passés après le premier comme des clics incorrects. Il comptabilise et facture donc jusqu'à 2 clics pour la même impression.

Notez également que ce type d'écart peut être plus fréquent si vous analysez les performances de la journée en cours. En effet, les informations de clics et d'impressions ne sont pas disponibles en temps réel : les clics sont actualisés toutes les heures tandis que les impressions sont mises à jour dans des intervalles de plusieurs heures.

103 Je constate certains mots-clés étranges avec un grand nombre d'impressions et un faible taux de clic, de quoi s'agit-il ?

Dans le rapport sur les termes de recherche, qui permet de connaître avec précision les requêtes tapées par les internautes sur lesquelles vos annonces sont apparues, il se peut que vous y trouviez des mots-clés très particuliers, composés de nombreux termes parfois répétés, avec des performances dégradées, un nombre d'impressions très élevé et un taux de clic particulièrement faible.

Il semble improbable que les internautes puisse formuler aussi régulièrement ces requêtes, qui possèdent des performances proches des liens contextuels diffusés sur le réseau Display, alors que votre campagne n'est présente que sur le réseau de recherche. Mais cette similitude n'est pas une coïncidence.

En effet, ces étranges mots-clés sont observés dans une campagne sur le réseau de recherche lorsqu'est activée la diffusion sur les partenaires de recherche. Google ayant noué des partenariats surprenants avec certains sites (comme Leboncoin.fr), il fait apparaître des liens sponsorisés sur des pages à la manière de liens contextuels, sans qu'ils soient liés à une recherche ! D'où les performances dégradées.

Mais comment expliquer que les termes de recherche qui remontent soient composés de nombreux mots répétés, et souvent sans aucun sens une fois assemblés ? Eh bien, tout simplement parce que Google va utiliser les mots du fil d'Ariane de la page de diffusion en tant que termes de recherche. Mais comme Google n'offre aucune transparence sur ses partenaires de recherche, il est difficile d'identifier les sites à l'origine de ces moindres performances, et de toute façon il n'est pas possible d'exclure la diffusion sur un partenaire en particulier.

Alors que faire ? La solution la plus extrême est de stopper la diffusion sur les partenaires de recherche, même si cela doit vous priver d'un trafic important issu de partenaires qualifiés. Sinon, vous pouvez ajouter les termes concernés à vos mots-clés exclus, mais sachez que vos annonces n'apparaîtront pas non plus sur le moteur de Google avec ces requêtes.

N'hésitez pas à remonter cette situation auprès de votre Account Manager Google. La régie réfléchit actuellement à cette problématique et il est possible qu'elle puisse exclure certains partenaires identifiés pour vos campagnes, même si rien n'est garanti.

Chapitre 9
Optimisations avancées

Enfin la formule de la réussite sur AdWords !

 104 Comment suivre l'évolution du Quality Score de mon compte ?

Le Quality Score est un indicateur très intéressant à suivre au niveau des mots-clés. Hélas, Google AdWords n'offre pas la possibilité d'en consulter l'historique et la valeur indiquée dans l'interface n'est valable qu'à l'instant donné. Il est donc impossible de connaître le niveau de qualité sur une période passée (sa valeur sera celle du Quality Score actuel).

Néanmoins, je vous propose une procédure pour suivre la valeur moyenne du Quality Score par campagne ou par compte, toutes les semaines ou tous les mois par exemple, et ceci grâce à Excel. Rendez-vous dans l'onglet Mots-clés au niveau du compte ou d'une campagne particulière, puis sélectionnez le bouton Tous les mots-clés actifs et affichez la colonne du niveau de qualité si ce n'est pas déjà fait (bouton Colonnes, Personnalisez les colonnes). Pour la période, vous pouvez choisir la veille, ou les sept derniers jours afin de prendre en compte les impressions d'une semaine entière.

Téléchargez l'export du rapport des mots-clés au format CSV et ouvrez-le dans Excel. Le Quality Score étant défini à chaque impression d'une annonce, il faut en calculer une moyenne pondérée en fonction des impressions enregistrées par mot-clé. Pour cela, prenons un exemple précis, avec une simulation de rapport de performances par mot-clé.

	A	B	C	D	E	F	G
1	Mot clé	Impressions	Clics	CTR	Coût	Niv. qual.	CPC moy.
2	mot clé 1	12 764	534	4,18%	357,78 €	7	0,67 €
3	mot clé 2	6 509	78	1,20%	25,74 €	5	0,33 €
4	mot clé 3	10 568	305	2,89%	158,60 €	7	0,52 €
5	mot clé 4	1 877	120	6,39%	103,20 €	10	0,86 €
6	Total	31 718	1 037	3,27%	645,32 €	--	0,62 €

Rapport de performances par mot-clé

Pour obtenir la moyenne pondérée du niveau de qualité par rapport aux impressions, nous allons combiner deux formules Excel. Prenez soin de ne pas inclure les données de la ligne Total dans vos calculs.

Voici la formule à placer dans une cellule :

=SOMMEPROD(données Niv. qual ; données Impressions)
/ SOMME(données Impressions)

Dans notre exemple, cela se traduit par :

=SOMMEPROD(F2:F5;B2:B5)/SOMME(B2:B5)

Grâce à cette formule, nous découvrons que la moyenne pondérée du Quality Score pour l'ensemble de ces mots-clés est ici de 6,77. Il vous suffit de noter ce niveau de qualité dans un rapport et d'effectuer cette procédure de suivi de façon régulière pour vérifier si votre Quality Score évolue à la hausse ou à la baisse dans le temps.

Si vous maîtrisez les tableaux croisés dynamiques (TCD) dans Excel, vous pouvez aussi définir automatiquement la moyenne pondérée par niveau de structure en exportant un rapport de performances de l'intégralité des mots-clés de votre compte. Dans ce rapport, vous ajoutez alors une colonne multipliant le niveau de qualité avec les impressions par mot-clé.

	A	B	C	D	E	F	G
1	Campagne	Mot clé	Impressions	Clics	Coût	Niv. qual.	Niv. qual x Imp
2	Campagne 1	mot clé 1	12 764	534	357,78 €	7	89 348
3	Campagne 1	mot clé 2	6 509	78	25,74 €	5	32 545
4	Campagne 2	mot clé 3	10 568	305	158,60 €	7	73 976
5	Campagne 2	mot clé 4	1 877	120	103,20 €	10	18 770
6	Total	--	31 718	1 037	645,32 €	--	

Modification du rapport pour la mise en place d'un TCD

Créez ensuite votre TCD (sans prendre en compte les lignes de totaux) et intégrez le niveau de structure qui vous intéresse en champ de ligne.

Enfin, créez un champ calculé égal à votre colonne nouvellement créée divisée par la colonne des impressions. Dans notre exemple, le champ calculé a pour formule :

$$= \text{'Niv. qual x Imp' / 'Impressions'}$$

Il ne vous reste plus qu'à inclure votre champ calculé dans le champ de données de votre TCD. Ici, nous obtenons la moyenne pondérée du niveau de qualité de la campagne 1 (6,32) et de la campagne 2 (7,45).

Comment mesurer l'évolution de ma notoriété avec AdWords ?

Mesurer ma notoriété ? Facile, me direz-vous, il suffit d'utiliser Google Trends (voir question 113). C'est vrai, cet outil vous fournit une indication intéressante sur la tendance des recherches de votre marque sur Google, mais cette information reste peu précise, et surtout ne fonctionne pas si votre marque n'atteint pas un nombre de recherches suffisant.

Pour obtenir plus de détails, Google AdWords peut vous être d'un grand secours. En effet, grâce aux informations fournies par l'interface et avec un bon paramétrage, vous pouvez suivre et mesurer l'évolution de la notoriété de votre marque sur Internet.

Pour cela, rien de plus simple. Il vous suffit de suivre le nombre d'impressions de vos mots-clés marque achetés sur AdWords, pour en déduire combien de personnes tapent chaque jour, chaque semaine, chaque mois, votre marque dans le moteur de recherche. Avec cette information, et surtout ses tendances d'évolution, vous pouvez en déduire l'avancée de votre notoriété. Selon moi, il n'y a rien de plus précis pour analyser l'impact d'une campagne publicitaire offline (radio ou TV, par exemple) et ses retombées sur un site web.

Mais pour connaître ce nombre d'impressions de manière fiable, il faut appliquer les bons paramètres. Suivez ces étapes.

1. Achetez les mots-clés principaux de votre marque en ciblage Exact. Le suivi du mot-clé principal représentant votre marque sera suffisant pour suivre votre notoriété.

2. Dans les paramètres de la campagne Marque comprenant le(s) mot(s) en question, optez pour un mode accéléré de diffusion des

annonces pour vous assurer que chaque requête de votre marque déclenchera l'affichage de votre annonce.

3. Assurez-vous de n'avoir appliqué aucun paramètre à votre campagne limitant votre diffusion au niveau des zones géographiques, des appareils et du Calendrier de diffusion.

4. Définissez un capping budgétaire suffisamment important pour ne jamais être à court sur votre campagne, car il serait dommage de ne pas comptabiliser des impressions en fin de journée par faute de budget.

5. Veillez à obtenir un taux d'impressions aussi proche que possible de 100 % pour le(s) mot(s)-clé(s) concerné(s). S'il dépasse les 98 %, vous êtes assuré de récolter un nombre fiable d'impressions. Pour vérifier ce taux d'impressions, rendez-vous dans l'onglet Mots-clés et ajoutez la colonne nommée «Taux d'impr. sur le Réseau de Recherche».

Une fois ces informations correctement définies, le nombre d'impressions enregistrées sur votre marque en ciblage Exact représentera de façon très précise le nombre de fois où un internaute recherche votre marque. Sauf évidemment si votre nom de marque est composé de mots génériques…

 106 Est-ce utile d'acheter un même mot-clé en différents ciblages ?

Beaucoup d'agences et de consultants SEA adoptent une méthode de gestion avancée des liens sponsorisés un peu particulière nommée « multiciblage ».

En théorie, cette pratique s'avère prometteuse et utile pour améliorer ses performances. Au lieu de se contenter d'acheter un mot-clé dans un ciblage (qu'il soit Exact, Expression ou Large), elle consiste à développer un même mot-clé dans plusieurs ciblages. L'intérêt principal de cette méthode est d'économiser de précieux centimes sur chaque clic en fonction de la pertinence de la requête de l'internaute.

Prenons un exemple : vous achetez le mot-clé « achat voiture » en ciblage Large uniquement au CPC max de 0,80 €, ce qui vous permet de faire apparaître votre annonce sur des termes proches et éloignés du mot-clé. Ainsi, si l'internaute tape exactement la requête « achat voiture », ce mot-clé acheté en Large déclenchera l'affichage.

Le multiciblage consiste à acheter un même mot-clé dans les trois ciblages à des CPC max différents avec une enchère plus faible pour le ciblage le plus large, et une enchère plus forte pour le ciblage le plus précis. Dans notre exemple, l'annonceur achète trois fois le mot « achat voiture » en Large à 0,60 €, en Expression à 0,80 € et en Exact à 1 €.

Ce système favorisera le mot-clé en Exact en lui permettant d'améliorer sa position pour une requête pertinente, tout en réduisant le CPC et la position sur les requêtes les plus éloignées du mot-clé original. En modulant les enchères de cette façon, l'annonceur priorise le ciblage le plus précis, souvent plus rentable, ce qui lui permet de continuer d'enrichir sa liste de mots-clés via le Rapport sur les termes de recherche.

Mais si, sur le papier, le multiciblage permet de faire des économies intéressantes sur les mots-clés les moins pertinents sans s'affranchir des avantages du ciblage Large, ce n'est pas forcément un choix judicieux en pratique. En effet, cette méthode implique un temps de gestion multiplié et complique la structure de campagne. Le trafic d'un même mot-clé va se répartir sur trois mots-clés, rendant l'analyse plus difficile.

En outre, Google n'arrange pas les choses. Car s'il respectait ses propres règles, il devrait déclencher :

- le mot-clé en Exact si l'internaute rentre exactement la requête achetée (par exemple, « achat voiture ») ;

- le mot-clé en Expression si la requête remplit les conditions de ce ciblage (par exemple, « achat voiture pas chère ») ;

- le mot-clé en Large si la requête est plus éloignée du mot-clé acheté (par exemple, « achat de voitures miniatures »).

Or ce n'est pas toujours le cas ! Il s'avère qu'avec le multiciblage, Google semble favoriser sa propre rentabilité plutôt que le respect des ciblages, et déclenche l'affichage de l'annonce liée au mot-clé qui lui rapporte le plus d'argent. Et comme la concurrence et le Quality Score sont différents pour les trois déclinaisons achetées, ce n'est donc pas nécessairement le mot-clé avec le ciblage correspondant qui est déclenché.

Pour obliger Google à respecter les règles des ciblages, il faudrait jouer sur les mots-clés exclus et les différents types de ciblages négatifs, mais cela compliquerait l'opérationnel à l'extrême, le rendant quasiment impossible.

107 Comment automatiser la mise à jour du prix d'un produit dans une annonce AdWords ?

La personnalisation et la précision des annonces publicitaires sont l'une des clés de l'amélioration des taux de clic et de conversion. Pour cela, il peut être très utile de mentionner le prix du produit désigné par le mot-clé au sein de l'annonce. Un pourcentage de réduction ou un nombre de produits en stock peuvent être aussi des informations pertinentes permettant de se différencier.

Mais la mise à jour manuelle des annonces AdWords reste fastidieuse et réinitialise l'historique et le Quality Score associés à l'annonce. C'est pourquoi Google permet aux utilisateurs avancés de mettre à jour automatiquement jusqu'à deux parties de l'annonce par le biais du contenu inséré dans une feuille de calcul Google Drive. Ce sont les scripts AdWords qui autorisent cette mise en place, en offrant un moyen simplifié d'accéder à l'API AdWords via de petits programmes en Java-Script. Ici, nous allons utiliser la fonction des AdParams.

Dans un premier temps, il vous faut créer une feuille de calcul (similaire à Excel) dans le compte Google Drive rattaché au login permettant d'accéder au compte AdWords. Il est en effet primordial que l'accès soit le même entre AdWords et Drive. Pour créer un tableau dans Google Drive, allez à l'adresse :

http://jo.my/google-drive-tableur

C'est dans ce tableau que vous viendrez mettre à jour les informations que vous souhaitez insérer dynamiquement dans votre annonce. Nommez vos quatre premières colonnes de cette façon : « Keyword » en colonne A, «Matchtype» en B, «Param1» en C et «Param2» en D. Sous ces en-têtes, entrez respectivement sur chaque ligne un mot-clé, son ciblage (en anglais) et deux éléments que vous souhaitez remonter automatiquement. Dans notre exemple, le Param1 sera le prix du produit, et le Param2 le pourcentage de réduction affiché sur la fiche produit.

	A	B	C	D
1	Keyword	Matchtype	Param1	Param2
2	imprimante hp X22	EXACT	599	10
3	imprimante laser hp CT344	PHRASE	639	18
4	achat imprimante X22	BROAD	599	10
5	imprimante hp T5 pas cher	PHRASE	389	25
6				

Exemple de feuille de calcul Google Drive

Une fois votre document finalisé et nommé (il sera automatiquement enregistré), récupérez son URL par le biais du menu Fichier>Envoyer un e-mail aux collaborateurs.

Retournez dans AdWords et rendez-vous dans le menu latéral Opérations groupées>Scripts. Vous allez ajouter un nouveau script grâce au bouton «+ Script». Celui que nous allons utiliser pour faire correspondre les AdParams aux mots-clés indiqués est présenté sur la figure page suivante.

Il s'agit d'un script créé par Russell Savage, auteur du site Freeadwords-scripts.com. Vous pouvez le copier-coller directement en le récupérant à partir du lien :

http://jo.my/script-adparam-mot

```
1   //-------------------------------------
2   // Update Ad Params Using a Google Spreadsheet
3   // Created By: Russ Savage
4   // FreeAdWordsScripts.com
5   //-------------------------------------
6   function main() {
7     var SPREADSHEET_URL = "URL FEUILLE DE CALCUL GOOGLE DRIVE";
8
9     var spreadsheet = getSpreadsheet(SPREADSHEET_URL);
10    var sheet = spreadsheet.getSheetByName('Feuille 1');
11    var data = sheet.getRange("A:D").getValues();
12
13    for(i in data) {
14      //Skip the header row
15      if(i == 0) { continue; }
16      var [kw_text,mt,param1,param2] = data[i];
17      //stop when you run out of data
18      if(kw_text == "") { break; }
19      else {
20        Logger.log("kw:"+kw_text+" mt:"+mt+" param1:"+param1+" param2:"+param2);
21        // Find the keyword
22        var kw_iter = AdWordsApp.keywords()
23          .withCondition("Text = '"+kw_text+"'")
24          .withCondition("Status = ENABLED")
25          .get();
26        while(kw_iter.hasNext()) {
27          var kw = kw_iter.next();
28          if(kw.getMatchType() == mt) {
29            kw.setAdParam(1, param1);
30            kw.setAdParam(2, param2);
31          }
32        }
33      }
34    }
35
36    function getSpreadsheet(spreadsheetUrl) {
37      var matches = new RegExp('key=([^&#]*)').exec(spreadsheetUrl);
38      if (!matches || !matches[1]) {
39        throw 'Invalid spreadsheet URL: ' + spreadsheetUrl;
40      }
41      var spreadsheetId = matches[1];
42      return SpreadsheetApp.openById(spreadsheetId);
43    }
44  }
```

Script des AdParams au niveau Mots-clés

Une fois le script inséré dans l'interface AdWords, personnalisez-le avec l'URL de votre feuille de calcul Google Drive à la ligne 7. Vérifiez également que le nom de la feuille (« Feuille 1 », par défaut dans Google Drive) correspond bien à celui indiqué à la ligne 10. Enregistrez le script, puis cliquez sur le bouton Autoriser maintenant afin d'autoriser les scripts à modifier votre compte AdWords. Votre script est ainsi prêt à être exécuté.

Mais auparavant, il vous faut paramétrer l'annonce qui va reprendre vos AdParams. Rendez-vous dans un adgroup concerné par les mots-clés entrés et définissez une nouvelle annonce de ce type.

Paramétrage de l'annonce avec AdParams

Les balises {param1} et {param2} fonctionnent comme des balises Keyword, avec un mot par défaut qui sera repris si le mot-clé déclenchant la diffusion de votre annonce ne se trouve pas dans votre tableau. Ce mot par défaut s'entre après la variable param suivi d'un deux-points (:) sans espace.

Vous pouvez désormais lancer votre script, que vous devrez exécuter chaque fois que vous mettrez à jour le contenu de votre feuille de calcul. Si votre service technique actualise cette dernière de façon automatique, vous pouvez également paramétrer un calendrier récurrent d'exécution.

Une fois cette annonce mise en place, et si l'internaute recherche le terme «imprimante hp X22», voici l'annonce qu'il verra s'afficher.

Exemple d'affichage d'annonce avec AdParams

Le principal avantage de cette méthode, en plus du temps gagné, est de conserver le Quality Score au niveau de l'annonce. Attention toutefois à bien placer dans votre tableau Google Drive tous les mots-clés que vous êtes susceptible d'ajouter à un adgroup comprenant une annonce avec AdParams, et à exécuter de nouveau votre script pour prendre en compte ces changements.

Notez que si votre feuille de calcul contient un trop grand nombre de mots-clés, l'exécution du script risque de prendre beaucoup de temps. Dans ce cas, n'hésitez pas à le dupliquer en lien avec une autre feuille de calcul pour diviser le temps de chargement.

Pour des mots-clés génériques, il est préférable d'utiliser un autre script qui vous permet de définir des param1 et param2 au niveau de l'adgroup. Dans ce cas, remontez par exemple le nombre de modèles des produits disponibles et le prix d'appel le plus bas de la catégorie. Vous pouvez récupérer le script pour associer les AdParams au niveau de l'adgroup sur le site Freeadwordsscripts.com à l'adresse :

http://jo.my/script-adparam-group

 108 Comment désactiver automatiquement un mot-clé lié à un produit qui n'est plus en stock ?

Les bases de la gestion d'une campagne de liens sponsorisés en e-commerce consistent à ajouter des mots-clés quand de nouveaux produits sont disponibles, et à désactiver ceux qui redirigent vers des produits qui ne sont plus en stock. Ce dernier point est primordial pour éviter des dépenses inutiles, mais il n'est pas évident de garantir cette désactivation de manière suivie. Aussi est-il nécessaire de disposer d'outils en interne pour être tenu au courant de l'indisponibilité de certains produits. C'est une problématique fondamentale dans la gestion d'un site e-commerce.

Pour automatiser la mise en veille de certains mots-clés spécifiques liés à un produit qui ne serait plus disponible, votre service technique doit interconnecter les informations de stock issues de vos bases de données avec Google AdWords via une interface de programmation. Par cette API, Google fournit aux développeurs l'accès aux principales informations statistiques ainsi qu'à la modification automatisée des actions sur AdWords.

Suite à cette mise en liaison d'AdWords avec vos bases de données, vous aurez la possibilité de définir des règles d'activation et de désactivation de mots-clés en fonction de vos stocks. Naturellement, cette mise en place nécessite de sérieuses compétences techniques.

109 Comment utiliser les libellés pour faciliter la gestion opérationnelle de mes campagnes ?

L'organisation d'une campagne se définit classiquement avec des groupes d'annonces, qui contiennent eux-mêmes des mots-clés et des annonces. Mais cela suppose un modèle unique de structure. Aussi est-il intéressant d'utiliser les libellés proposés par AdWords, qui permettent de regrouper différents éléments d'un compte afin d'obtenir rapidement des statistiques agrégées.

Prenons un exemple concret : vous gérez le compte AdWords d'un e-commerçant avec une campagne Marque et une campagne par univers de produits vendus, chaque adgroup détaillant les types de ces derniers. Comment obtenir et suivre d'un seul coup d'œil les performances des mots-clés incluant une mention « pas cher » ou « discount » ? Comment combiner toutes les statistiques des annonces qui proposent une livraison gratuite ? Comment suivre les mots-clés les plus performants d'un compte ? Avec les libellés.

Ceux-ci sont disponibles à tous les niveaux de structure d'un compte AdWords (Campagnes, Groupes d'annonces, Mots-clés et Annonces) et s'appliquent même aux différents comptes depuis un centre multi-compte. Rendez-vous dans le niveau de gestion de votre choix et sélectionnez les éléments que vous souhaitez regrouper sous un même libellé. Cliquez sur le bouton Libellés au-dessus des statistiques, puis sur le bouton Nouveau libellé : nommez alors votre nouveau libellé et cliquez sur Enregistrer.

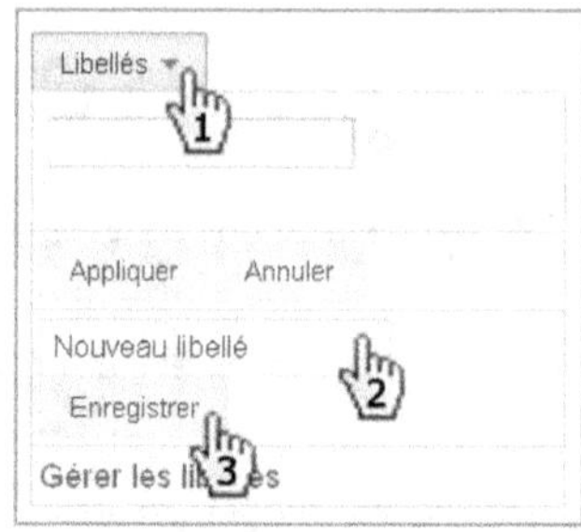

Création d'un nouveau libellé

Une fois vos libellés entrés et associés aux éléments concernés, vous pouvez agréger de façon rétroactive les performances des éléments sélectionnés grâce aux filtres. Pour cela, cliquez sur le bouton Filtre, choisissez Filtrer par libellé, puis sélectionnez le ou les libellés désirés.

Vous pouvez également gérer vos libellés dans l'espace Libellés d'Ad-Words, accessible par le lien situé en bas à gauche de l'interface. Vous avez la possibilité d'en ajouter ou d'en supprimer, mais également de changer leur nom, la couleur du cartouche les identifiant, ou encore de leur ajouter une description. Chacun de ces libellés vous indiquera à combien d'éléments il est associé.

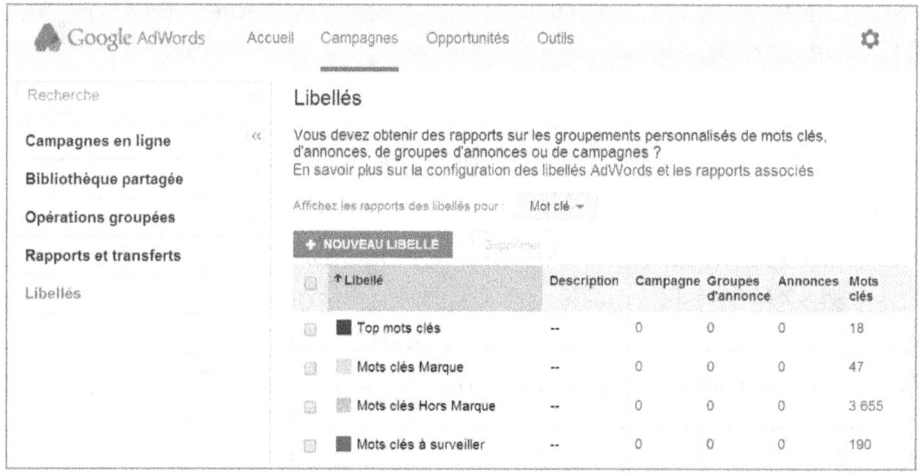

Espace de gestion des libellés

Les libellés sont des informations transversales au sein d'AdWords. Vous pourrez ajouter la colonne Libellés aux rapports des différents niveaux de structure pour avoir un aperçu direct de ceux qui sont définis par élément. Mais vous les trouverez également dans l'onglet Variables, en type d'affichage, ce qui vous permet d'afficher d'un coup toutes les performances des différents libellés d'un même niveau de structure. Dans ce cas, la ligne Divers indique les performances agrégées de tous les éléments sans libellé ou n'ayant pas ceux que vous filtrez.

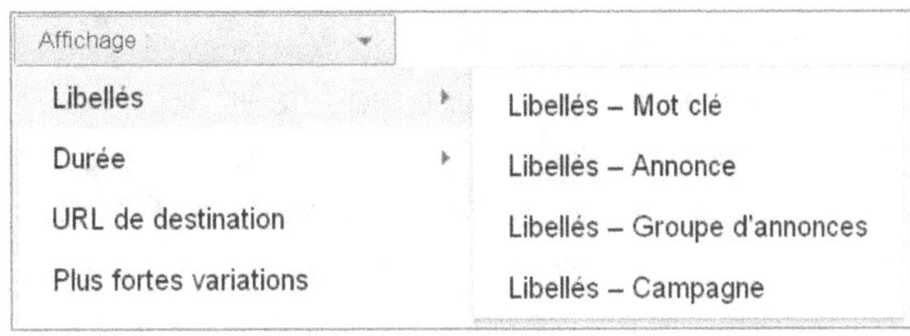

Accès aux rapports des libellés par niveau de structure

Apprenez à maîtriser les libellés pour gagner un temps non négligeable dans vos analyses et l'émission de vos rapports. Cette fonctionnalité vous permettra également d'économiser de nombreuses manipulations dans Excel ou à l'aide de filtres pour sélectionner les éléments dont vous souhaitez suivre les performances.

110 Comment mesurer l'impact de l'achat d'un mot-clé par rapport au trafic qu'il génère en référencement naturel ?

Quand vous êtes bien positionné sur une requête en SEO, l'achat de ce mot-clé apporte-t-il des conversions incrémentales ou cannibalise-t-il le trafic du référencement naturel ? Aujourd'hui, les outils de Google permettent d'avoir des informations plus détaillées sur la comparaison des deux sources de trafic qui partagent une même page de résultats de recherche.

Pour obtenir des éléments de réponse à la question de l'impact du SEA sur le SEO d'une même requête, il fallait auparavant paramétrer un rapport personnalisé complexe sur Google Analytics. Mais désormais, Google AdWords dispose d'un nouveau rapport sobrement intitulé «Liens commerciaux et résultats naturels». Accessible via l'onglet Variables, il nécessite dans un premier temps d'associer votre compte AdWords avec votre compte Outils pour les webmasters.

Le compte Google Outils pour les webmasters (*Google Webmaster Tools* en anglais, alias GWT), bien utile en SEO, vous fournit des informations sur les performances de votre site web en référencement naturel. Si vous n'en avez pas encore, vous pouvez vous inscrire et suivre la procédure d'identification de votre site sur la page :

http://jo.my/webmaster-tools

Une fois ce compte créé, vous devez donc l'associer avec votre compte AdWords. Pour cela, rendez-vous dans l'onglet Mon compte, menu Comptes associés, et cliquez sur Outils pour les webmasters. Entrez l'URL de votre site web à associer. Si votre e-mail d'accès à AdWords est le même que celui permettant d'accéder à votre compte GWT, vous n'avez rien de plus à faire ! Sinon, il faudra confirmer la demande de liaison entre les deux comptes. Une fois vos comptes liés, vous devrez attendre 24 heures pour récolter les premières données, non rétroactives.

Ce rapport Liens commerciaux et résultats naturels vous fournit des informations très intéressantes sous forme de tableau à double entrée : sur la partie gauche, les mots-clés sont listés, avec quatre vues différentes en fonction de votre présence sur la page de résultats de recherche.

| Campagnes | Groupes d'annonces | Paramètres | Annonces | Mots clés | Audience | Extensions d'annonces | Cibles automatiques | Variables |

Affichage : Liens commerciaux et résultats naturels ▼   Filtre ▼   Colonnes ▼   ⬇

Requête	Statistiques sur les annonces					Statistiques sur les résultats de recherche naturels					Statistiques combinées sur les annonces et les résultats de recherche naturels		
	↓ Clics [?]	Impr. [?]	CTR [?]	CPC moy. [?]	Pos. moy. [?]	Clics [?]	Requêtes [?]	Clics/ Requête [?]	Résultats de recherche/ Requête [?]	Pos. moy. [?]	Clics [?]	Requêtes [?]	Clics/ Requête [?]
ramoneur montauban	776	11 328	6,85 %	0,27 €	2,1	624	11 792	5,29 %	1,0	3,2	1 400	14 883	9,41 %
Diffusion de l'annonce uniquement	132	3 091	4,27 %	0,32 €	3,1	0	0	0,00 %	0,0	0,0	132	3 091	4,27 %
Impression naturelle uniquement	0	0	0,00 %	0,00 €	0,0	214	3 555	6,02 %	1,0	3,4	214	3 555	6,02 %

Rapport Liens commerciaux et résultats naturels

La première ligne associée à un mot-clé affiche les performances totales de la requête. Sur la deuxième, intitulée « Diffusion de l'annonce uniquement », figurent vos performances quand votre annonce AdWords était affichée en liens sponsorisés sans la présence d'un de vos liens naturels sur la même page de résultats. La troisième ligne, nommée « Impression naturelle uniquement », indique les performances de votre requête naturellement positionnée dans la page de résultats, lorsque votre annonce AdWords ne s'est pas affichée. Enfin, la quatrième, titrée « Les deux », liste les performances quand votre résultat naturel et votre lien sponsorisé se sont retrouvés sur la même page de résultats de recherche.

Dans la partie haute du tableau, les différents indicateurs de performance sont répartis en trois grandes colonnes. Celle de gauche fournit les informations de trafic reçu sur le lien sponsorisé, celle du centre indique les performances des visites drainées par le lien naturel, et celle de droite combine les statistiques des indicateurs des liens SEO et SEA pour la requête en question.

Dans la colonne des statistiques de l'annonce AdWords (celle de gauche), comparez le taux de clic de votre lien sponsorisé quand il est seul et quand il est affiché aux côtés du lien naturel. S'il est supérieur sur la ligne « Les deux », cela démontre qu'un double affichage rassure l'internaute en générant plus de trafic qu'un lien individuel.

Dans la colonne des statistiques sur les résultats de recherche naturels, vous trouvez les informations détaillées de l'attractivité de votre lien naturel. Si le taux de clic de la ligne « Les deux » est supérieur ou égal à celui de la ligne « Impression naturelle uniquement », cela prouve que le lien sponsorisé ne cannibalise pas votre trafic naturel.

La colonne des statistiques combinées vous indique l'attractivité globale de votre mot-clé et la part totale de trafic qu'il draine par rapport aux autres concurrents (colonne « Clics/Requête »). Si la part de trafic de la ligne « Les deux » est plus importante que chaque part des deux lignes précédentes, cela légitime l'intérêt de combiner SEA et SEO dans votre stratégie car vous générez du trafic incrémental en cumulant les deux liens.

Ce rapport fournit des données importantes sur l'impact d'AdWords pour un mot-clé positionné en référencement naturel, ainsi que des statistiques inédites pour aiguiser votre stratégie SEO. Hélas, il ne donne pas à ce jour d'informations sur les conversions générées entre canaux.

 # Comment lancer une campagne test avec AdWords ?

Google AdWords offre la possibilité de paramétrer un test A/B dans une campagne existante, afin de mesurer l'effet de modifications autres que le changement d'une URL de destination. Grâce à cette campagne test, vous pouvez par exemple évaluer l'impact d'une enchère différente pour un même mot-clé. Cette fonctionnalité présente l'avantage de mettre en concurrence deux versions en temps réel, alors qu'une analyse de ces versions sur des périodes de temps différentes serait nécessairement biaisée.

Le test A/B par AdWords est puissant, mais sa compréhension et sa mise en place ne sont pas forcément évidentes. Pour utiliser cet outil, sélectionnez d'abord une campagne existante (contenant les éléments que vous souhaitez tester) et allez dans l'onglet Paramètres. Rendez-vous dans les derniers liens de la page et cliquez sur Test, puis sur le bouton Spécifier les paramètres du test. Nommez votre test et choisissez la répartition de diffusion de ses versions (voir figure page suivante). Je vous conseille de garder une diffusion 50/50 pour obtenir des résultats pertinents.

Enfin, vous pouvez entrer une date de début et de fin. Il est préférable de conserver un démarrage manuel et une date de fin automatique 30 jours après, afin de pouvoir arrêter le test quand vous le souhaitez et de repousser la date de fin jusqu'à trois mois.

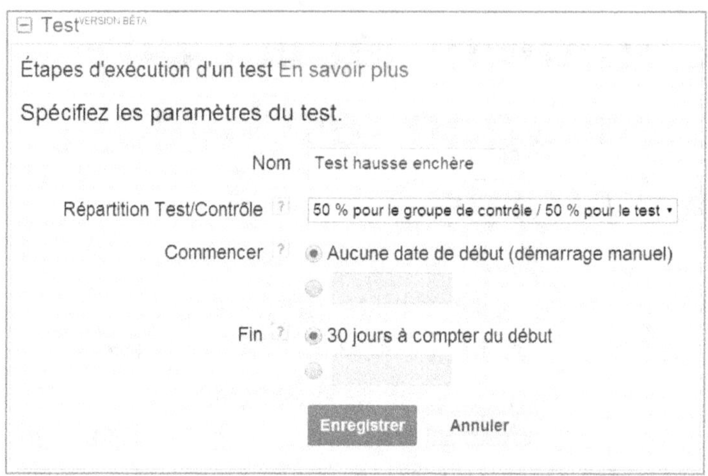

Paramétrage d'une campagne test

Une fois ces éléments enregistrés, votre campagne acquiert de nouveaux paramètres test. Vous devez désormais définir les différentes versions dès éléments que vous souhaitez contrôler avant de l'activer. Pour cela, rendez-vous dans l'onglet des éléments que vous désirez tester.

Pour tester deux CPC max différents sur un même mot-clé, allez dans l'onglet Mots-clés, et choisissez celui qui vous intéresse. Pour définir un CPC max différent à tester, activez le segment Test, puis cliquez sur le CPC max indiqué sur la ligne «Test – 50 %» apparue sous le mot-clé. Vous aurez la possibilité de déterminer un pourcentage d'augmentation ou de baisse par rapport au CPC max de base (contrôle).

Lorsque vous activerez la campagne test, le système affichera la moitié de vos impressions avec votre enchère de base, et l'autre moitié avec votre enchère test. Avec l'affichage du segment Test, vous aurez une vue précise des évolutions constatées sur vos performances, que ce soit en termes de clics, de taux de clic, de position, mais également de coût et de conversions générées (voir figure page suivante).

		Mot clé	CPC max. [?]	Impr. [?]	Clics [?]	CTR [?]	CPC moy. [?]	Coût [?]	Pos. moy. [?]	Conv. (1 par clic) [?]
☐	☗	mot clé	0,24 €	13 642	245	1,80 %	0,32 €	79,21 €	5,4	0
		Hors test		0	0	0,00 %	0,00 €	0,00 €	0,0	0
		Contrôle - 50%	0,24 €	4 763	48	1,01 %	0,24 €	11,32 €	6,7	0
		Test - 50% En cours	0,36 €	8 879 ⚡	197 ⚡	2,22 % ⚡	0,34 € ⚡	67,89 € ⬍	4,6 ⬇	0 ⬍

Résultats d'un test d'enchère

Si, après la période définie, le test vous semble concluant, vous pourrez appliquer automatiquement tous les changements testés en cliquant sur le bouton adapté dans l'onglet Paramètres. Dans le cas contraire, vous aurez aussi la possibilité de supprimer toutes les versions expérimentées en un seul clic.

Cet outil très performant présente cependant quelques limites : on ne peut activer qu'un test par campagne et seules deux versions peuvent être mises en concurrence. Un test A/B/C par exemple n'est donc pas envisageable.

Chapitre 10

Outils

Rien de plus facile que de bricoler un moteur,
il suffit d'avoir les bons outils !

112 Quelle est l'utilité d'un logiciel de gestion de liens sponsorisés ?

Les logiciels de gestion de campagnes de liens sponsorisés sont entrés dans les habitudes des annonceurs avertis et chacune des régies propose désormais le sien. Mais Google a été le premier à lancer son outil, qui est de loin le plus abouti.

Ces logiciels facilitent grandement la gestion des liens sponsorisés, notamment en mode Hors Ligne. Une fois installés, ils permettent d'apporter toutes les modifications nécessaires à votre campagne à l'aide de copier-coller, de déplacements avec la souris, et autres imports/exports par l'intermédiaire de fichiers Excel.

Contrairement aux interfaces en ligne, où les actions réalisables ne peuvent généralement s'effectuer que sur des éléments individuels, ces logiciels permettent de procéder à des traitements groupés, beaucoup moins chronophages. En outre, ils garantissent des temps de chargement quasi nuls, accélérant ainsi les modifications de campagnes, et fournissent les statistiques de ces dernières, même si ce n'est pas leur fonction première.

Ces outils permettent à différents utilisateurs d'accéder à un même compte, tout en disposant d'un système astucieux pour éviter les confusions lorsque plusieurs auteurs modifient une même campagne. Ils offrent également la possibilité d'effectuer des sauvegardes, et autorisent la modification des principaux paramètres disponibles sur l'interface.

Attention néanmoins à respecter quelques règles d'utilisation, car ces outils fonctionnent sur le principe de synchronisation. Ainsi, si vous procédez à une modification sur l'interface web, elle ne se répercutera pas automatiquement sur le logiciel : vous devrez auparavant opérer une synchronisation pour récupérer les changements apportés. Par conséquent, méfiez-vous des conflits entre les modifications de différents utilisateurs.

Par ailleurs, si vous connectez l'API AdWords à un outil de gestion automatique des enchères *(bid tool)*, le logiciel AdWords Editor sera rendu inopérant, car la priorité sera donnée au bid tool.

Enfin, sachez que ces logiciels de gestion sont toujours en retard par rapport aux évolutions et innovations proposées sur les interfaces web des régies publicitaires. Restez bien à l'affût de leurs mises à jour, qui sont régulières.

Mais une fois que vous aurez adopté ces outils, vous ne pourrez plus vous en passer ! Celui de Google, nommé AdWords Editor, est disponible à cette adresse :

http://jo.my/adwords-editor

et celui de Bing, baptisé Bing Ads Editor, à l'adresse :

http://jo.my/bing-ads-editor

113 Comment savoir si un mot-clé est souvent recherché par les internautes ?

Google met à votre disposition plusieurs outils pour obtenir de précieuses informations sur les requêtes des internautes, aidant ainsi au choix des mots-clés pertinents pour vos liens sponsorisés.

Le premier est l'Outil de planification des mots-clés, sur lequel vous trouverez plus d'informations à la question 114. Le second est Google Trends (Tendances des recherches en version francisée), disponible à l'adresse :

http://jo.my/google-trends

Ce dernier vous permet de visualiser les tendances des recherches d'un ou plusieurs mots-clés que vous pouvez comparer entre eux en remontant jusqu'à 2004 si besoin ! Une fois que vous aurez entré les différents termes (cinq maximum), séparés par des virgules, le graphique d'évolution s'affichera en vous laissant le choix de la période et de la localisation géographique. Google Trends affiche des courbes sans volume de recherche précis, ainsi que des informations graphiques sur la répartition par pays/région et les termes associés aux mots-clés soumis.

Avec ces courbes, vous pouvez analyser l'impact de la saisonnalité sur une requête au cours de l'année et prévoir les temps forts d'un secteur en particulier, ou évaluer l'évolution de la notoriété d'une marque. Cela étant, ces informations ne sont qu'indicatives et doivent être prises avec des pincettes. Comme le dit son nom, Google Trends ne fournit que des tendances au niveau des recherches : attention à ne pas en tirer de conclusions hâtives.

114 Comment utiliser le Générateur de mots-clés de Google ?

Google a récemment mis à jour son outil Générateur de mots-clés, en le combinant avec l'outil de prévision de trafic et en le renommant Outil de planification des mots-clés *(Keyword Planner)*, mais surtout en restreignant son accès aux seuls possesseurs d'un compte AdWords.

Vous devez donc désormais créer un compte AdWords (sans forcément devoir acheter de mots-clés ni dépenser quoi que ce soit) pour accéder à l'Outil de planification des mots-clés, via le menu Outils. Si vous êtes déjà connecté à votre compte, vous pouvez aussi l'atteindre via l'URL :

http://jo.my/keyword-planner

L'Outil de planification des mots-clés propose quatre fonctionnalités : la recherche de nouveaux mots-clés, l'obtention du volume de recherche pour une liste de mots-clés, la prévision du trafic de cette liste, et la possibilité de combiner différents termes pour déterminer de nouveaux mots-clés.

La **recherche de nouveaux mots-clés** reprend le principe de l'ancien Générateur de mots-clés d'AdWords. Entrez des termes dans la boîte de dialogue (un par ligne ou séparés par une virgule), ajoutez éventuellement l'URL de votre site web et un thème, puis lancez la recherche. Vérifiez dans les options de ciblage que la zone géographique et la langue désirées sont bien sélectionnées (repère **A** sur la figure page suivante).

En lançant la recherche, Google propose une liste de groupes d'annonces qu'il juge pertinents (**B**). Vous pouvez cliquer sur ceux qui vous intéressent pour examiner leurs mots-clés, ouvrir directement l'onglet Idées de mots-clés pour accéder aux mots-clés proposés (**C**).

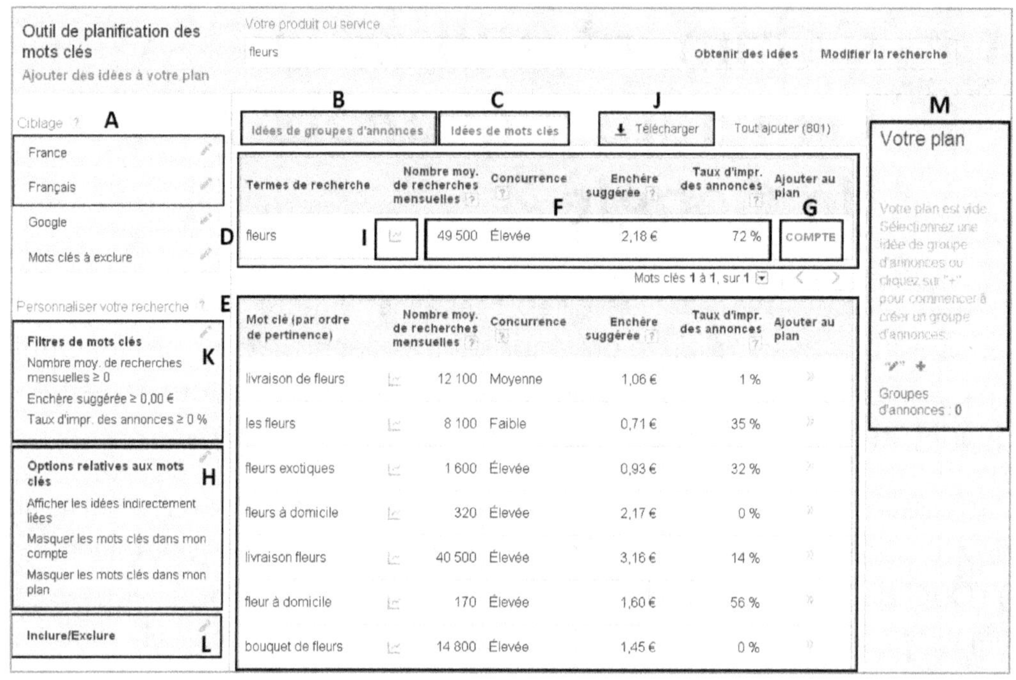

Utilisation de l'Outil de planification des mots-clés

Dans cet onglet, vous trouverez d'abord les performances des termes de recherche que vous avez entrés (**D**), suivies d'une liste pouvant aller jusqu'à 800 mots-clés suggérés, triés par pertinence (**E**). Vous obtiendrez ainsi le nombre estimé de requêtes mensuelles (pour le mot-clé en ciblage Exact), l'état de la concurrence, et le niveau de CPC moyen (enchère estimée) par mot-clé (**F**). Le taux d'impressions des annonces indiqué est celui de votre compte pour le mot-clé exact pendant le dernier mois calendaire.

Comme l'outil est connecté à votre compte AdWords, il détecte immédiatement si un mot-clé y est déjà présent, en l'indiquant dans la dernière colonne (**G**). Par défaut, il ne proposera pas de mots-clés déjà utilisés dans votre compte : pour modifier ce paramètre, vous devez aller dans les options de personnalisation de votre recherche (**H**).

Cet outil offre l'avantage de vous donner une estimation de l'évolution du nombre de recherches par mois sur les 12 derniers mois (**I**). En outre, il fournit l'export des mots-clés proposés sous forme d'un fichier CSV à ouvrir dans Excel (**J**). Il dispose par ailleurs de filtres permettant de sélectionner les mots-clés qui dépassent un niveau minimal de requêtes mensuelles, avec un CPC moyen maximal précisé ou un taux d'impressions maximal (**K**).

En revanche, l'option qui permettait de ne proposer que des mots-clés comprenant certains termes de recherche n'existe plus dans la nouvelle version de l'outil. Aussi n'hésitez pas à utiliser les termes à inclure et exclure pour améliorer la précision des mots-clés proposés (**L**). De même, il n'est plus possible de connaître le trafic estimé d'un mot-clé dans les différents ciblages.

Vous pouvez également ajouter les mots-clés à votre « Plan » (**M**), une sorte de panier virtuel, afin qu'ils soient intégrés dans votre compte AdWords.

Cet outil de recherche de nouveaux mots-clés permet d'entrer 50 termes de recherche maximum. Si vous souhaitez obtenir les estimations de trafic d'une liste plus importante, utilisez la deuxième fonctionnalité de l'Outil de planification des mots-clés, nommée **Obtenir les statistiques relatives au volume de recherche d'une liste de mots-clés**. Vous pourrez y saisir un plus grand volume de mots-clés ou même importer un fichier CSV, et en cliquant sur le bouton Obtenir le volume de recherche, vous obtiendrez toutes les estimations de trafic et de CPC moyen (sans autres propositions de mots-clés). Notez que l'import par CSV permet de dépasser la limite de 1 000 mots-clés autorisés dans la saisie manuelle.

La troisième fonctionnalité de l'Outil de planification des mots-clés offre la possibilité d'obtenir les précisions de trafic et de simuler l'impact d'une enchère sur les impressions, les clics et les coûts générés par une liste de mots-clés. Vous trouverez plus de détails à ce sujet à la question 115.

Enfin, la quatrième fonctionnalité, très utile, permet de **combiner diffé-rents termes de recherche** afin de déterminer de nouveaux mots-clés. Supposons par exemple que vous vendiez des téléphones mobiles à prix discount : en réunissant dans la première liste les dénominations produit et en ajoutant des qualificatifs du type «pas cher» dans la deuxième, Google combine pour vous ces mots et en tire les expressions fréquemment recherchées sur son moteur. Voici un exemple de résultat.

Liste 1		Liste 2
téléphone, mobile, portable	×	pas cher, discount, promo, réduction, offre

Mot clé (par ordre de pertinence)	Nombre moy. de recherches mensuelles	Concurrence	CPC moy.
portable pas cher	27 100	Élevée	0,77 €
mobile pas cher	9 900	Élevée	0,43 €
téléphone pas cher	4 400	Élevée	0,54 €
mobile discount	480	Élevée	0,58 €
portable discount	320	Élevée	0,41 €
mobile promo	70	Élevée	0,89 €

Outil de multiplication des listes de mots-clés

Cet outil fournit également les combinaisons de termes n'ayant aucun volume de recherche sur Google, et permet même d'associer une troisième liste de mots-clés.

Employez en premier lieu l'Outil de multiplication de mots-clés (sans oublier les synonymes ni les pluriels) pour obtenir une liste de départ intéressante, puis utilisez cette dernière dans l'outil de recherche de nouveaux mots-clés pour la compléter et couvrir un champ exhaustif de requêtes.

115 Les informations fournies par le Générateur de mots-clés d'AdWords sont-elles fiables ?

Vous utilisez souvent les informations de recherches mensuelles et de CPC moyen fournies par le Générateur de mots-clés d'AdWords pour comparer les mots-clés et trouver une enchère adaptée. Mais ces informations sont-elles vraiment fiables ?

Si les données des recherches mensuelles présentées ne semblent pas erronées pour les requêtes en ciblage Exact, il n'en est pas de même pour les CPC moyens. Régulièrement, des articles évoquant les mots-clés les plus chers d'AdWords utilisent ces informations pour annoncer des mots à plus de 60 ou 80 € le clic, sans réellement se poser la question de leur crédibilité. Ainsi, sur certains mots-clés, Google annonce plus de 100 € le coût au clic moyen pour des termes avec moins de 50 visites mensuelles, comme le montre la figure ci-dessous.

Mot clé (par ordre de pertinence)		Nombre moy. de recherches mensuelles ?	Concurrence ?	▼ CPC moy. ?	✎ ▾
plombier 75002	⟋	50	Élevée	142,80 €	»
plombier fontenay sous bois	⟋	90	Élevée	68,39 €	»
plombier paris 16eme	⟋	40	Élevée	67,84 €	»
recherche plombier paris	⟋	10	Élevée	65,43 €	»
artisan plombier 77	⟋	10	Élevée	61,34 €	»

Informations fournies par le Keyword Planner (Générateur de mots-clés)

Si Google ne donne aucune précision sur l'incohérence de ces informations, il est impensable en tout cas de s'y référer pour définir le CPC max d'un nouveau mot-clé, par exemple. Pour obtenir des données plus précises, utilisez la troisième fonctionnalité de l'Outil de planification des mots-clés, ou ajoutez les mots-clés à votre plan depuis le Générateur de mots-clés et passez à l'étape des estimations détaillées.

Avec le graphique affiché et la possibilité de saisir une enchère, vous disposerez d'une simulation beaucoup plus précise et crédible sur la position obtenue et le coût quotidien estimé pour un CPC max donné.

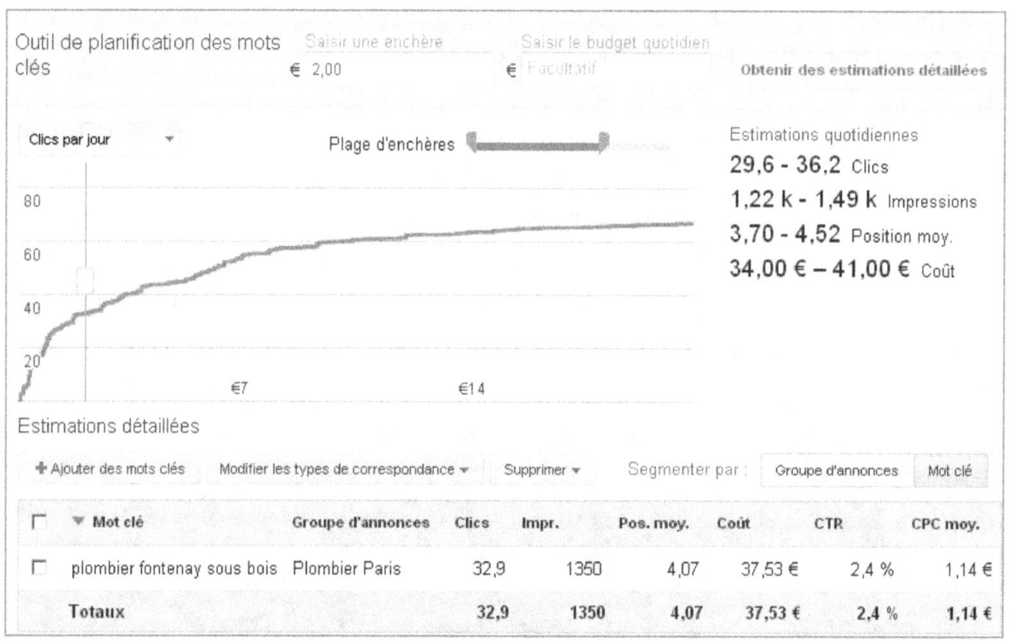

Estimations détaillées du Keyword Planner

Les informations fournies dans ces estimations détaillées sont beaucoup plus plausibles et exploitables que le niveau de CPC moyen défini par le Générateur de mots-clés, même si ce ne sont que des moyennes et qu'aucune information de Quality Score ne vient les moduler.

116 Comment vérifier que mes annonces sont bien diffusées dans les zones géographiques ciblées ?

Comme nous l'avons vu, il est aisé de lancer une campagne géolocalisée, mais aussi tentant de vérifier si ce paramétrage est en place. Comme il est difficile de trouver quelqu'un dans les zones concernées pour constater l'apparition des annonces, Google a mis en place un outil permettant de simuler leur affichage en fonction d'un contexte précis. Nommé Ad Preview ou Outil de prévisualisation et de diagnostic des annonces, il est accessible à l'URL suivante :

http://jo.my/adpreview

Pour utiliser cet outil, il suffit d'entrer un mot-clé, puis de sélectionner la version de Google souhaitée, la langue, ainsi qu'un lieu géographique (pays, région ou ville). Il est aussi possible de définir le type de terminal dont vous souhaitez simuler l'utilisation (smartphone, tablette, ordinateur), ainsi que son système d'exploitation, sa version et l'opérateur Internet associé.

Une fois l'aperçu lancé, Ad Preview affiche les liens naturels et sponsorisés qui apparaîtraient à un instant donné si une véritable recherche était effectuée avec les paramètres demandés. Notez que ces liens sont inopérants et ne sont pas comptabilisés comme des impressions dans le système AdWords.

Comme de nombreux gestionnaires de liens sponsorisés, vous serez amené à effectuer des requêtes de mots-clés achetés, notamment pour étudier la concurrence. L'avantage d'Ad Preview est de ne pas influencer à la baisse votre taux de clic, puisque les impressions ne sont pas comptabilisées.

Il faut reconnaître que le clic sur une annonce concurrente pour vérifier son URL de destination est chose courante. Mais sans aller jusqu'à la fraude au clic, vous savez qu'en agissant de la sorte, vous lui faites sans doute dépenser quelques centimes certes, mais vous améliorez de façon artificielle son taux de clic et par conséquent son Quality Score ! Cet impact à la marge est impossible à évaluer concrètement, mais il n'y a pas de raisons que votre clic compte moins que celui d'un internaute lambda.

Alors prenez la bonne habitude d'utiliser Ad Preview pour vérifier vos annonces et ne pas pénaliser votre propre campagne.

 117 Comment lier un compte Google AdWords à un compte Google Analytics ?

Si vous utilisez Google Analytics, je vous recommande fortement de lier votre compte avec AdWords. Les avantages sont multiples :

- de nouvelles statistiques seront disponibles dans vos rapports AdWords : taux de rebond, pages vues par visite, durée moyenne de celle-ci et taux de nouvelles visites. Ces informations sont accessibles par le biais de nouvelles colonnes ;

- avec cette association de comptes, vous n'êtes plus obligé d'installer un tag de conversion spécifique pour obtenir vos conversions dans l'interface AdWords ;

- vous pouvez remonter automatiquement sous Analytics les données afférentes à la source de trafic CPC, avec mots-clés, adgroups, noms de campagnes, coûts… ;

- d'autres fonctionnalités avancées, comme les listes de remarketing partagées, sont proposées.

Pour lier vos comptes, vous devez vous assurer que le compte Google employé pour vous connecter à AdWords est bien un utilisateur autorisé du compte Analytics que vous souhaitez associer (en mode Administrateur). Si votre identifiant est le même, cette formalité n'est pas nécessaire.

Vous devez également vérifier que le marquage automatique des URL de destination est bien activé (sur AdWords, onglet Mon compte, menu Préférences), ce qui permettra de taguer systématiquement vos URL AdWords pour remonter les bonnes informations sur Analytics.

Une autre vérification est indispensable : autoriser les différents services de Google à partager leurs informations entre eux. Pour cela, ouvrez votre compte Analytics, cliquez sur le bouton Admin en haut à droite, entrez dans les paramètres du compte désiré et vérifiez que la case « Seulement avec les autres produits Google » est bien cochée.

Une fois ces formalités effectuées, vous allez pouvoir associer vos comptes.

1. Sur Analytics, cliquez sur le bouton Admin en haut à droite.

2. Si votre compte gère plusieurs sites web, sélectionnez le compte Analytics que vous souhaitez lier et, dans la colonne Compte, cliquez sur le lien Association AdWords.

3. Cliquez ensuite sur le bouton « + Nouveau lien » et sélectionnez le numéro de compte AdWords désiré avant de passer à l'étape suivante.

4. À la dernière étape, sélectionnez la ou les « vues » Analytics auxquelles vous souhaitez associer AdWords. Il n'y a en général qu'une seule vue. Si ce n'est pas le cas, choisissez la principale.

5. Cliquez sur le bouton Associer des comptes. Vos comptes sont liés !

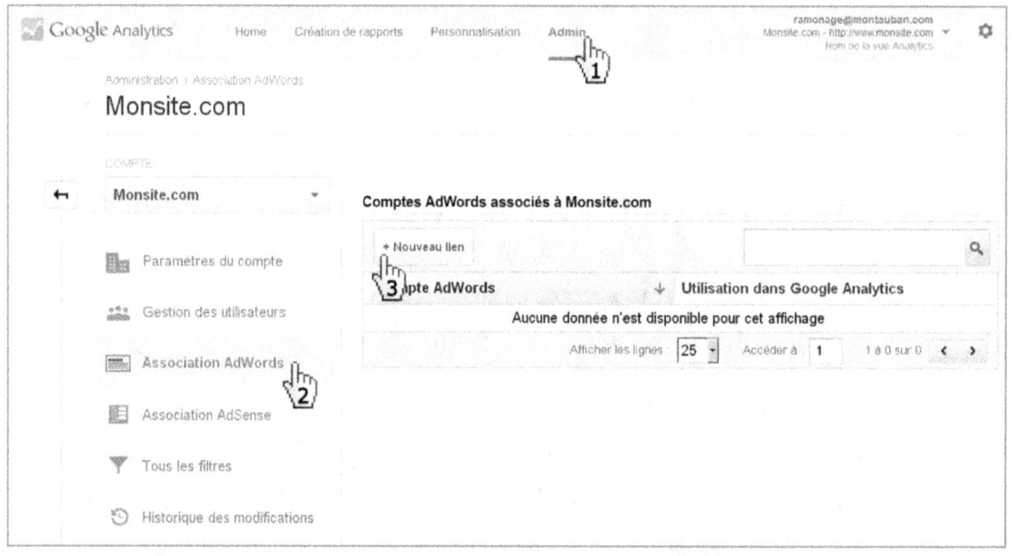

Accès à l'association des comptes AdWords et Analytics

Dernier paramétrage à contrôler sur votre compte Analytics associé : toujours dans la partie Admin, cliquez sur le lien «Afficher les paramètres» de la dernière colonne Affichage (profil) et vérifiez que la case liée à votre e-mail dans les Paramètres d'importation et d'exportation AdWords est bien cochée.

Notez qu'il faudra attendre environ 24 heures pour que les premières statistiques AdWords apparaissent dans votre compte Analytics et que ces informations ne sont pas rétroactives. Sachez aussi que vous pouvez lier plusieurs comptes AdWords à un compte Analytics, ce qui se révèle utile pour les annonceurs importants disposant de plusieurs comptes.

118 Est-ce normal de constater des différences entre mes statistiques AdWords et Analytics ?

Si vous utilisez Google Analytics et que vous l'avez lié à votre compte AdWords, vous avez aussi la possibilité de suivre les performances de vos liens sponsorisés avec votre outil web analytics. Mais en comparant les chiffres fournis par ces deux outils sur une même période, vous remarquerez des différences tant au niveau des clics/visites que des conversions/transactions. Il y a plusieurs explications à ce phénomène.

L'écart entre les clics enregistrés sur AdWords et les visites indiquées sur Analytics tient notamment au fait que les termes «clics» et «visites» ne désignent pas exactement la même chose. En effet, une visite est liée à une session de 30 minutes sur le navigateur. Si un internaute clique deux fois sur une de vos annonces dans cet intervalle de temps, sans changer de navigateur, Analytics n'enregistrera qu'une visite contre deux clics sur AdWords. Par ailleurs, Analytics ne soustrait pas les visites qui proviennent de clics considérés comme incorrects sur AdWords.

Deuxième explication de cette différence : si vous n'avez pas activé le marquage automatique des URL de destination, Analytics considérera le trafic issu d'AdWords comme provenant du référencement naturel, avec une perte d'informations au niveau des mots-clés indiqués comme *not set*. Assurez-vous donc que le marquage automatique est activé sur AdWords dans votre onglet Mon compte, menu Préférences. Si vous avez un compte Bing Ads, vérifiez que vos URL disposent d'un tag de tracking adapté pour Google Analytics (voir question 73). Dans ce cas, prenez en compte le fait que les performances des liens sponsorisés sur Analytics cumulent celles d'AdWords et de Bing Ads.

Autre raison, si l'internaute a bloqué l'utilisation du JavaScript sur son navigateur, Analytics ne pourra enregistrer la visite de l'internaute, alors qu'AdWords enregistrera et facturera effectivement le clic. Des problèmes techniques, notamment de temps de chargement ou de redirection sur les pages de destination, peuvent aussi limiter le fonctionnement d'Analytics, et accroître l'écart de statistiques entre les deux outils.

Pour ce qui est des divergences entre les conversions d'AdWords et les transactions d'Analytics, celles-ci peuvent être liées à la gestion différente des cookies entre les deux outils. En effet, d'une durée de 30 jours (par défaut) sur AdWords, le paramétrage par défaut du cookie passe à 6 mois sur Analytics. Ainsi, si un internaute effectue un achat sur votre site 45 jours après son clic sur AdWords, la conversion ne sera pas comptabilisée sur le mot-clé dans AdWords, mais bel et bien sur Analytics. Ces écarts peuvent aussi s'expliquer par le fait que Google Analytics et Google AdWords ont des modèles d'attribution bien différents. Sur AdWords, la conversion est attribuée au jour où le clic a été effectué, alors qu'Analytics comptabilise une transaction au jour où la commande a été passée. Ainsi, si un internaute effectue son achat plusieurs jours après son clic sur AdWords, les dates d'enregistrement de la conversion différeront d'un outil à l'autre.

Autre différence importante, Google Analytics affiche des statistiques que l'on appelle *Last Clic* pour les transactions. Si un internaute clique sur AdWords, puis passe par une autre source de trafic payante pour revenir sur votre site et passer commande, AdWords comptabilisera la conversion sur le mot-clé cliqué, alors qu'Analytics attribuera la transaction à la dernière source (hors Direct), et non pas à AdWords. Enfin, il faut aussi noter qu'Analytics enregistre plusieurs transactions issues du même clic d'un internaute si ce dernier effectue deux achats, par exemple, tandis qu'AdWords comptabilise des «clics convertis» et des conversions uniques, ou exhaustives, selon votre paramétrage (voir question 93). Les informations du paramétrage Toutes les conversions seront ainsi plus cohérentes avec les transactions d'Analytics. Il ne faut donc pas forcément s'inquiéter sur un éventuel problème de pose de tag pour l'un des deux outils en cas d'écarts.

 119 Comment organiser ma veille concurrentielle sur les liens sponsorisés ?

Vous souhaitez en savoir plus sur la stratégie de vos concurrents en ce qui concerne leurs campagnes SEA ? En effet, si le fait d'effectuer des requêtes sur les moteurs vous permet de découvrir les annonces concurrentes aux vôtres, cela ne vous donne pas pour autant une vue d'ensemble sur les mots-clés achetés par les autres annonceurs.

Mais à l'heure actuelle, il est encore compliqué de réaliser une veille concurrentielle précise et exhaustive sur AdWords. Des outils existent sur le marché français (comme MyPoseo) ou sur le marché américain (comme SEMrush), mais d'après mes constatations, la plupart d'entre eux fournissent des informations fantaisistes sur le nombre de mots-clés, l'évaluation du trafic, du CPC moyen et du budget dépensé d'un concurrent.

Ces outils restent néanmoins utiles pour avoir un aperçu des annonces AdWords d'un concurrent à un instant donné. Ils récupèrent des dizaines d'annonces textuelles diffusées par un concurrent, vous donnant un aperçu des différents axes de création utilisés. Ils dévoilent souvent quelques bribes d'informations gratuitement, mais vous demandent de payer pour en obtenir de plus complètes.

L'outil le plus fiable concernant l'analyse de la concurrence reste le rapport d'analyse des enchères de Google AdWords, car il offre plus de visibilité sur la concurrence des mots-clés que vous achetez. Ces informations sont disponibles pour des éléments enregistrant un certain niveau d'activité. Pour y accéder, choisissez le niveau de structure désiré de votre compte (campagne, groupe d'annonces ou mot-clé), sélectionnez un ou plusieurs de ces éléments, et cliquez sur le bouton Plus d'infos, juste au-dessus des statistiques.

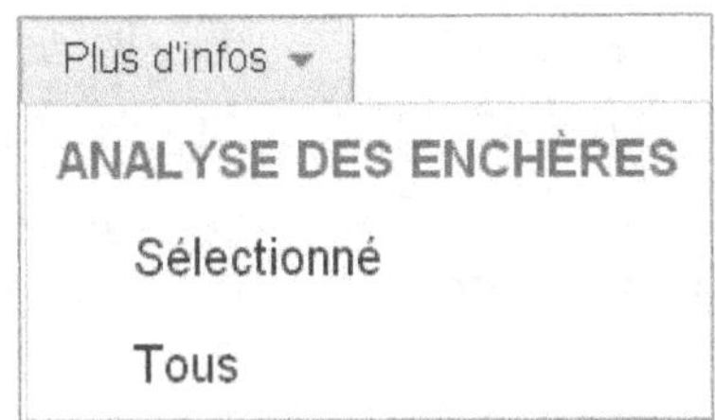

Accès au rapport d'analyse des enchères

Vous pouvez ainsi obtenir un rapport d'analyse des enchères pour l'intégralité des éléments ou ceux que vous avez sélectionnés.

Domaine de l'URL à afficher [?]	↓ Tx d'imp [?]	Pos. moy. [?]	Tx de superposition [?]	Tx de pos. supérieure [?]	Tx d'imp en haut de page [?]
costumes-shop.fr	54,60%	4,1	59,93%	59,20%	27,72%
Vous-même	44,47%	5,2	--	--	23,39%
meilleurs-costumes.com	37,40%	4,9	47,90%	55,48%	25,70%
best-suits.com	32,30%	3,3	34,63%	80,91%	45,54%
costumes-discount.fr	25,93%	6,5	27,28%	33,34%	8,49%
jaime-mon-costume.com	24,90%	5,5	27,29%	43,87%	18,07%
costumes-masculins.fr	20,17%	5,3	29,78%	56,43%	22,66%

Rapport d'analyse des enchères

Ce rapport fournit de nombreuses informations sur vos concurrents et précise comment vous vous situez par rapport à eux. La **position moyenne** est indiquée, mais également le **taux d'impressions** (nombre d'impressions reçues par rapport au nombre maximal d'impressions que vous auriez pu recevoir).

Le **taux de superposition** donné permet de connaître la fréquence d'affichage simultané d'une de vos annonces avec celle du concurrent en question. Par exemple, un taux de 70 % signifie que dans 7 cas sur 10, une annonce de ce concurrent est apparue en même temps que la vôtre.

Le **taux de position supérieure** livre une information primordiale, à savoir le taux d'affichage de l'annonce concurrente avec une meilleure position que votre annonce. Plus ce taux est faible, plus votre annonce apparaît fréquemment devant celle du concurrent en question.

Enfin, le **taux d'impressions en haut de page** indique la part d'impressions en Zone Premium, au-dessus des résultats naturels, par rapport à toutes les impressions enregistrées.

Même si ce rapport n'informe pas précisément sur le Quality Score ou le CPC des concurrents, il permet d'avoir une vision claire sur une période souhaitée de la férocité de la concurrence. Néanmoins, ces données demeurent compliquées à utiliser concrètement dans une optimisation de campagne.

Chapitre 11
Autres types de campagnes

Enfin des campagnes qui tiennent leurs promesses !

120 Comment mettre en place une campagne de bannières ou de liens contextuels sur le réseau Display de Google ?

Pour activer la diffusion de liens contextuels ou de bannières sur d'autres sites que les moteurs de recherche, une campagne sur le réseau Display est à votre disposition. Pour cela, créez une campagne sur le réseau Display uniquement. Les paramétrages sont similaires à ceux d'une campagne sur le réseau de recherche.

La principale différence vient des ciblages à choisir dans un groupe d'annonces. L'interface propose d'opter entre un ciblage par mots-clés, centres d'intérêt, thèmes, emplacements, âge ou sexe (voir figure page suivante). Ces ciblages permettent de sélectionner les sites qui verront s'afficher vos publicités, ou bien les internautes qui pourront visualiser vos annonces. Ils peuvent être cumulés pour viser une audience très précise, par exemple les femmes (sexe) passionnées de musique pop (centre d'intérêt), âgées de 18 à 34 ans (âge), et surfant sur des sites prédéfinis (emplacements). Évidemment, plus vous cumulez les ciblages, plus l'audience touchée par vos annonces sera restreinte.

Dans le cas d'une campagne Display classique, sans cible précisément identifiée, je vous conseille d'utiliser uniquement une méthode de ciblage par adgroup, et d'employer plusieurs adgroups dotés de méthodes de ciblage différentes afin d'améliorer votre couverture.

Paramétrage des ciblages d'une campagne Display

Les ciblages les plus intéressants sont :

- **le ciblage par mots-clés :** à la manière d'une campagne de liens classiques, vous achetez des mots-clés. Google diffusera vos annonces sur les sites qui utilisent le même champ sémantique dans leur contenu (Google sera seul juge de la pertinence). Je vous recommande de mettre peu de mots-clés par adgroup (5 à 10 mots-clés au maximum) et de rester dans des termes très génériques ;

- **le ciblage par emplacements :** il s'agit de choisir directement les sites disponibles du réseau Display sur lesquels vous souhaitez afficher vos publicités ;

- **le ciblage par thèmes :** vous allez pouvoir sélectionner des thèmes dans lesquels Google classe les sites web. Ces thèmes sont choisis par les éditeurs au moment de la création du compte AdSense, le service qui leur permet de toucher une rémunération pour le trafic drainé sur leur site grâce à la publicité Google.

Les ciblages par centres d'intérêt, âge et sexe sont, selon moi, moins fiables, car ils se basent sur des informations que devine le moteur par la navigation des internautes (via les cookies) et leurs paramètres de compte Google. Une fois ces ciblages définis, vous devez définir vos annonces. C'est à ce moment-là que vous pouvez choisir entre des annonces textuelles (liens contextuels) ou illustrées (bannières graphiques). N'utilisez qu'un format d'annonce par adgroup pour faciliter l'analyse des résultats et l'optimisation.

Les liens contextuels n'auront pas de secrets pour vous, puisqu'il s'agit du même format que vos annonces de liens sponsorisés classiques. Vous pouvez d'ailleurs utiliser les mêmes annonces sur les deux supports. Je vous conseille toutefois de ne pas utiliser de balises Keyword et de veiller à soigner vos titres avec des accroches très marketing. Il n'y a pas de nécessité de reprendre le mot-clé au sein de l'annonce.

Les bannières graphiques présentent des contraintes bien différentes, à communiquer à votre graphiste ou webdesigner :

- les formats des annonces : celles-ci peuvent être statiques avec des fichiers JPG, GIF ou PNG, mais également animées avec des fichiers GIF animé et SWF (Flash). En cas d'animation, la durée maximale est de 30 secondes sans boucle infinie ;

- les tailles disponibles des bannières sont au nombre de 11. Vous devez absolument décliner une bannière dans le plus grand nombre possible de tailles afin de maximiser la diffusion sur le plus de sites web, car la plupart d'entre eux n'acceptent pas toutes les tailles d'annonces ;

- le poids d'une bannière ne devra pas dépasser 150 Ko ;

- des règles de conception sont à respecter, comme l'interdiction d'un clignotement trop intensif.

Une fois ces points respectés, il faudra lors de la mise en ligne choisir un nom pour votre image afin de l'identifier facilement dans vos optimisations (pensez à y inclure la taille de la bannière), mais également une URL de destination et une URL d'affichage. Lorsque les éléments sont en ligne, une campagne Display se gère de la même façon qu'une campagne classique, avec un CPC max défini au niveau du groupe d'annonces ou des différents ciblages. Pour connaître les clés de l'optimisation d'une telle campagne, allez à la question 121.

 121 Comment optimiser les performances d'une campagne sur le réseau Display ?

Une fois votre campagne Display lancée, il est possible de l'optimiser à la manière d'une campagne de liens sponsorisés classiques. La principale méthode consiste à modifier les paramétrages des sites web sur lesquels vos annonces sont diffusées, de la même façon que vous gérez les mots-clés d'une campagne sur le réseau de recherche. Quel que soit le ciblage que vous avez choisi, AdWords sera transparent sur les sites web sur lesquels vos annonces (textuelles et illustrées) ont été diffusées.

Pour cela, rendez-vous dans l'onglet Réseau Display d'AdWords, puis dans le menu Emplacements : la liste des noms de domaine ayant affiché vos annonces apparaîtra avec les performances complètes, y compris au niveau des conversions et des conversions post-impression (nommées « après affichage »). Pour afficher les URL précises ayant diffusé vos annonces, vous pouvez cliquer sur le bouton Voir les détails> Tous.

Accès à l'affichage des URL complètes

Que ce soit au niveau des noms de domaine ou des URL précises de diffusion, vous avez deux possibilités d'optimisation : l'exclusion de l'emplacement pour ne plus y être diffusé en cas de mauvaises performances, ou bien l'ajout en emplacements gérés, pour lesquels vous pouvez définir spécifiquement l'enchère au CPC max. Ces emplacements s'optimisent ensuite comme des mots-clés en fonction de leurs performances.

Une grande partie de l'optimisation se joue également au niveau des annonces, qu'elles soient textuelles ou illustrées. Pour orienter votre stratégie, il est ainsi primordial de comparer les performances des bannières graphiques selon leur taille, leur format et leur axe créatif.

Mais vous pouvez aussi modifier le ciblage initial de vos groupes d'annonces. En accédant aux informations par sexe ou âge dans votre campagne Display, vous pourrez par exemple changer les tranches d'âge ou le sexe ciblé en fonction des performances constatées. Par ailleurs, si votre adgroup est ciblé par mots-clés, vous avez la possibilité d'exclure des termes comme dans une campagne classique. Par exemple, si vous vendez des cartes routières et que vous ciblez le mot « carte », il peut être intéressant d'inclure les mots-clés exclus comme « jeu » ou « bancaire ».

Enfin, il faut savoir que tous les paramètres propres aux campagnes sur le réseau de recherche, c'est-à-dire le choix des zones géographiques, des appareils ou du Calendrier de diffusion, sont disponibles dans les campagnes Display. Par conséquent, n'oubliez pas d'utiliser les segments pour obtenir des analyses précises.

 122 Comment mettre en avant les photos et les liens de mes produits depuis une page de résultats de recherche Google ?

Vous êtes e-commerçant et souhaitez proposer vos produits en haut des pages de résultats de recherche de Google, avec photos à l'appui et lien direct vers la fiche article ? Pour cela, il vous faut créer sur Google AdWords une campagne Shopping, précédemment appelée PLA *(Product Listing Ads)*.

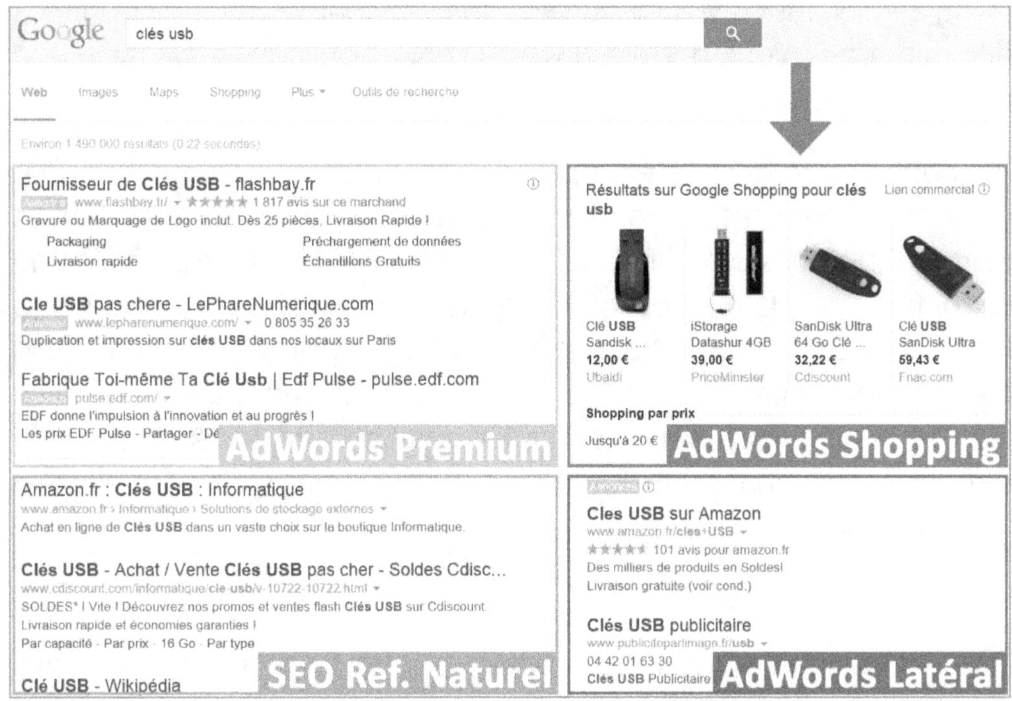

Emplacement principal des annonces Shopping

Pour créer ce type de campagne, reliez votre compte AdWords avec votre compte Google Shopping (nommé Google Merchant Center). Le Merchant Center est le service qui gère vos produits et fait le lien entre AdWords et votre site Internet. Pour ouvrir un compte Merchant Center, suivez cette URL :

http://jo.my/merchant-center

Remplissez les principales informations associées à votre site web pour configurer ce compte. Une fois ce dernier créé, confirmez que vous êtes bien le propriétaire du site par le biais d'un compte Google, via Outils pour les webmasters (Webmaster Tools). Plusieurs méthodes de validation sont à votre disposition.

Lorsque l'URL de votre site a été validée, vous pouvez alors lier vos comptes AdWords et Merchant Center. Pour cela, rendez-vous dans le tableau de bord du Merchant Center, menu Paramètres, sous-menu Google AdWords. Si vos identifiants d'accès sont les mêmes pour vos deux comptes, vous pouvez utiliser l'option 1. Sinon, servez-vous de l'option 2 et associez votre numéro de compte AdWords.

Pour que vos produits soient insérés dans le Merchant Center et apparaissent en annonces AdWords, vous devez envoyer un flux de données avec le listing des produits issus de votre site web, en respectant une certaine nomenclature. Pour cela, allez dans le menu Flux de données du Merchant Center. Vous y trouverez toutes les spécifications techniques à suivre pour votre flux, que vous pourrez transmettre à votre service technique ou à votre webmaster. C'est en effet du côté technique que se gère la création du flux. Toutes ces spécifications sont disponibles à cette adresse :

http://jo.my/specs-flux-shopping

Dans le champ « product type » du flux, vous devez définir les catégories de vos produits en fonction de votre arborescence. Il s'agit de l'attribut le plus important à renseigner, car c'est sur cette base que vous pourrez optimiser vos campagnes. Il vous faut également remplir le champ « google product category », afin d'indiquer à quelle catégorie appartiennent vos produits selon la classification de Google. Pour télécharger cette dernière, suivez le lien suivant :

http://jo.my/classification-google

Une fois ce flux correctement créé et mis à jour régulièrement sur votre serveur, indiquez sa source dans le Merchant Center : votre compte AdWords est alors prêt à diffuser vos produits dans les résultats de recherche. Il ne vous reste plus qu'à créer votre campagne de type Shopping, en vérifiant le Pays de vente et la présence de votre numéro Merchant Center dans la Référence Marchand. Entrez également le budget quotidien alloué à la campagne, ainsi que le CPC max par défaut utilisé pour tous vos produits. Les paramètres modifiables sont sensiblement les mêmes que ceux d'une campagne traditionnelle.

L'étape suivante vous propose de créer un groupe d'annonces (qui ne sera pas utilisé dans votre gestion de campagne), puis de remplir une annonce facultative, nommée Promotion, qui peut contenir jusqu'à 45 caractères (la balise Keyword n'y est pas effective). Cette annonce, dont une est disponible par campagne, concernera tous les produits de cette dernière, s'affichant parfois à côté ou au survol de vos annonces Shopping. Mettez-y dès que possible un avantage concurrentiel, mais sachez que sa mise en place nécessite une vérification de la part des équipes de Google et peut donc retarder la mise en ligne de la campagne.

Une campagne Shopping ne se gère pas par mots-clés ou par adgroups, mais par l'intermédiaire de l'onglet Groupes de produit. Par défaut, Google active le groupe Tous les produits, qui vous permet de sélectionner l'ensemble des produits de votre flux pour activer l'affichage d'annonces produits. C'est souvent un bon paramétrage à conserver au lancement d'une campagne Shopping.

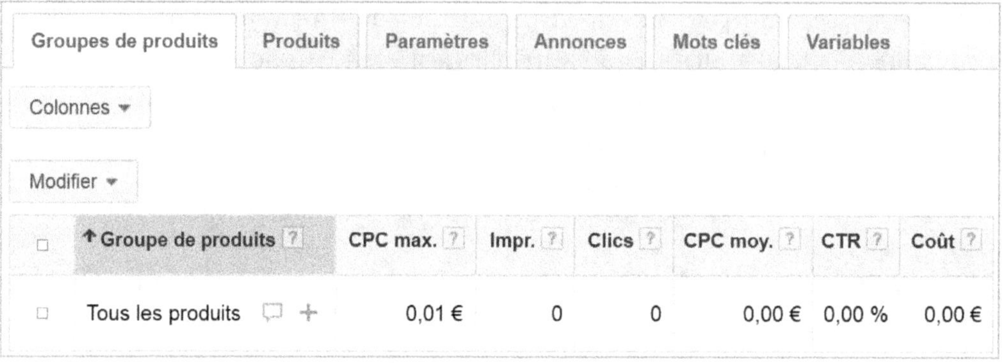

Aperçu de l'interface de gestion des campagnes Shopping

Voilà, votre campagne est prête, et vos produits devraient commencer à apparaître dans les résultats de recherche Google. Pour l'instant, ces emplacements spécifiques sont principalement disponibles sur ce moteur depuis un ordinateur, mais Google est en train de développer ce modèle publicitaire sur des partenaires de recherche et les mobiles. Si vous souhaitez en savoir plus sur l'analyse des résultats et l'optimisation de votre campagne Shopping, rendez-vous à la question 123.

 123 Comment analyser et optimiser une campagne Shopping ?

Une campagne Shopping ne s'optimise pas du tout comme une campagne classique de liens sponsorisés : si la notion de campagne demeure applicable, celle de mot-clé ou de position, par exemple, n'est plus pertinente. Comme nous allons le voir, ce type de campagne s'optimise à différents niveaux.

Subdivision

Une campagne Shopping se gère dans l'onglet Groupes de produits. Par défaut, le groupe de produits « Tous les produits » est activé à un CPC max de 0,01 €, sauf si vous avez indiqué une autre valeur lors de la création de la campagne.

Pour affiner vos statistiques, il est indispensable de diviser votre groupe de produits principal, afin de pouvoir gérer l'affichage et le CPC en fonction de vos produits et de leurs performances. Ces statistiques seront ainsi agrégées à chaque niveau de votre arborescence. Pour subdiviser le groupe « Tous les produits », cliquez sur le signe + situé à sa droite. Google vous permet alors de partager votre groupe initial en fonction de différents attributs entrés dans votre flux : Catégorie, Marque, ID du produit, État, Type de produit et cinq Libellés personnalisés.

Je vous conseille dans un premier temps de diviser ce groupe de produits sur la base des Catégories (classification de Google) ou des Types de produits (votre propre classification) définis dans votre flux, ce qui vous permettra de gérer finement vos CPC max et la désactivation de l'affichage. Chaque niveau d'arborescence se définit l'un après l'autre : pour diviser un niveau ajouté précédemment, cliquez sur le signe + situé en regard. Jusqu'à sept niveaux par attribut sont paramétrables.

Attention, un seul type d'attribut peut être utilisé pour fractionner le niveau d'un groupe de produits. Ainsi, vous ne pourrez pas subdiviser le groupe Tous les produits en Catégories et Types de produits, car sinon un produit pourrait se retrouver dans deux groupes d'une même campagne.

Groupes de produits	Produits	Paramètres	Annonces	Mots clés	Variables
↑ Groupe de produits ?					CPC max. ?
▾ Tous les produits				💬 ✏	--
▾ Jeux et jouets				💬 ✏	--
▾ Jeux				💬 ✏	--
▾ Jeux de cartes				💬 ✏	--
Cartes à jouer classiques				💬 +	0,50 €
Tous les autres produits dans "Jeux de cartes"				💬 +	Exclue
Tous les autres produits dans "Jeux"				💬 +	Exclue
Tous les autres produits dans "Jeux et jouets"				💬 +	Exclue
Tous les autres produits dans "Tous les produits"				💬 +	0,10 €

Subdivision d'un groupe de produits

Dans l'exemple de la figure page précédente, je souhaite appliquer un CPC max de 0,50 € aux produits de la catégorie « Cartes à jouer classiques », désactiver tous les autres produits de la catégorie « Jeux et jouets », et conserver le reste de mes produits en ligne au CPC max de 0,10 €. Pour cela, il faut :

1. descendre dans l'arborescence en ajoutant chaque niveau jusqu'à la catégorie « Cartes à jouer classiques » ;

2. appliquer le CPC max de 0,50 € à cette catégorie ;

3. exclure tous les autres produits des catégories « Jeux et jouets », « Jeux » et « Jeux de cartes », en choisissant « Exclue » dans la colonne CPC max en regard des lignes « Tous les autres produits » concernées ;

4. passer à 0,10 € le CPC max de la ligne « Tous les autres produits dans "Tous les produits" ».

Vous pouvez pousser cette démarche d'optimisation via les Libellés personnalisés en remplissant dans votre flux les colonnes « custom_label_0 » à « custom_label_4 ». En effet, il peut être intéressant d'inclure dans ces colonnes diverses informations (de marge, de promotion, de niveau de vente, etc.). En segmentant vos groupes de produits avec ces valeurs, vous pourrez ainsi favoriser le CPC de vos produits les plus performants ou les plus rentables, ou n'activer que ceux indiqués en soldes, par exemple.

Par ailleurs, vous pouvez créer un groupe de produits en ciblant un ou plusieurs identifiants de produits spécifiques (attribut « id » du flux), afin de segmenter votre campagne le plus précisément possible. Pour connaître ces identifiants, cliquez sur l'onglet Produits et utilisez les filtres pour déterminer les articles que vous souhaitez isoler.

Multiplication des campagnes

Dans la plupart des cas, une seule campagne Shopping avec des groupes de produits bien structurés est suffisante. Mais si votre inventaire est très important, vous souhaiterez peut-être gérer vos différents univers produits par le biais de plusieurs campagnes Shopping. Dans ce cas, vous avez la possibilité d'appliquer une subdivision de base dans les Paramètres Shopping avancés de la campagne. En activant un filtre personnalisé de l'option Filtre d'inventaire, vous pouvez définir les produits pris en compte dans votre campagne. Sur la figure ci-dessous, la campagne Shopping a été paramétrée pour qu'elle ne concerne que les produits de la catégorie « Jeux et jouets ». Par la suite, vous pourrez subdiviser ces produits au moyen d'autres critères dans l'onglet Groupes de produits.

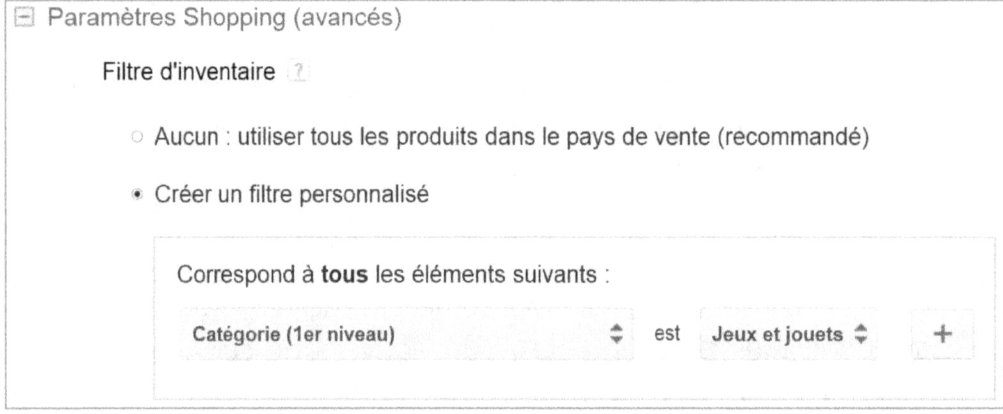

Paramétrage d'un filtre personnalisé Shopping

Si vous employez plusieurs campagnes Shopping pour gérer des univers distincts ou utiliser différents attributs dans vos groupes, certaines peuvent concerner les mêmes produits en fonction des filtres choisis. AdWords vous permet alors de modifier la Priorité de la campagne dans les Paramètres Shopping avancés, en la passant de Faible (par défaut) à Moyenne ou Élevée. Ainsi, si un produit est présent dans plusieurs campagnes, l'affichage s'appliquera à la campagne prioritaire selon l'ordre défini. Et si les deux campagnes en concurrence possèdent le même niveau de priorité, c'est le groupe de produits avec la plus forte enchère qui déclenchera l'affichage de l'article.

Je vous recommande d'appliquer une priorité élevée à une nouvelle campagne Shopping qui accueillera des groupes de produits spécifiques, subdivisés au niveau d'articles particulièrement intéressants pour vos internautes (fortes promotions, par exemple). De cette manière, avec un CPC max important, ces produits seront toujours prioritaires par rapport à ceux présents dans une autre campagne Shopping de faible priorité.

Importance du flux Shopping

Google accorde une grande importance à la qualité des informations renseignées au sein de votre flux. Ainsi, si certaines données sont manquantes, fausses ou incomplètes (par exemple, si vos photos ne sont pas d'assez bonne qualité), AdWords ne favorisera pas l'affichage de vos annonces dans les pages de résultats. Afin d'améliorer votre diffusion, il est donc capital de suivre toutes les consignes du compte Merchant Center, et en particulier celles de son menu Qualité des données.

Pour faire apparaître vos annonces sur les requêtes de recherche, retenez que Google se servira principalement du titre de vos produits (colonne « title » de votre flux). Il est donc essentiel que ces titres correspondent aux requêtes d'internautes que vous visez ! Pensez à optimiser cette partie de votre flux en priorité.

Analyse des performances

Dans l'onglet Groupes de produits, les statistiques disponibles sont un peu différentes de celles d'une campagne AdWords classique. Si vous y retrouvez notamment les performances habituelles de clics, de CPC moyen et de conversions, les informations sur la position moyenne et le niveau de qualité sont remplacées par des données comparatives sur les produits similaires des concurrents. La colonne CTR comparatif vous indique ainsi le taux de clic moyen des produits concurrents similaires aux vôtres, tandis que la colonne CPC max comparatif précise le CPC max moyen des concurrents pour les produits analogues à votre groupe. Si ces deux indicateurs sont plus élevés que vos propres CTR et CPC max, il peut être intéressant d'augmenter votre enchère ou d'améliorer la qualité de votre flux car la concurrence est rude. Par ailleurs, la colonne Taux d'impressions vous communique la part d'impressions manquées à cause d'un CPC max trop faible. Plus ce taux est faible, moins votre produit apparaît sur les pages de résultats. Tous ces indicateurs sont disponibles pour chaque groupe de produits, sauf pour ceux définis avec l'attribut d'identifiant produit.

L'onglet Variables vous propose également des statistiques détaillées très intéressantes via l'Affichage Shopping. Même si vous n'avez pas structuré très profondément vos groupes de produits, AdWords vous permet ainsi d'obtenir les performances de vos articles en fonction de leur Catégorie et de leur Type. Vous pouvez même connaître les performances individuelles de vos produits grâce à l'Affichage Shopping>ID de l'élément, mais l'absence du titre de chaque article rendra l'étude plus laborieuse. En effet, il vous faudra rapprocher les identifiants de ceux figurant dans l'onglet Produits pour découvrir de quels articles il s'agit.

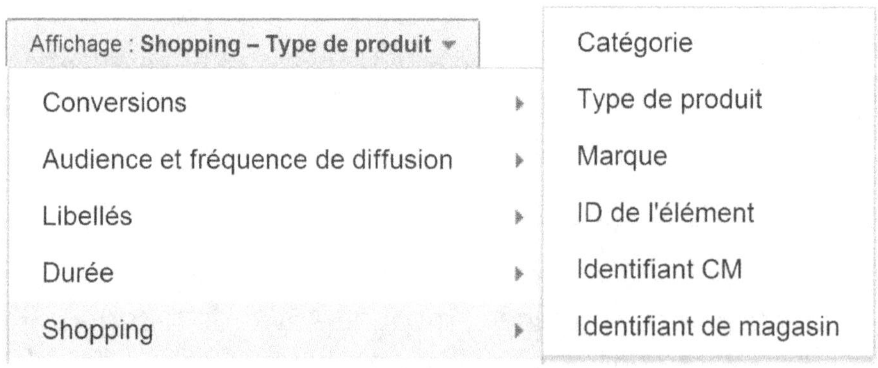

Accès aux statistiques Shopping de l'onglet Variables

L'onglet Mots-clés ne permet pas d'analyser les performances mais uniquement d'ajouter des mots exclus à votre campagne, afin que vos produits ne s'affichent pas sur certaines requêtes. Pour obtenir la liste des requêtes ayant généré l'affichage de vos produits, comme le propose le Rapport sur les termes de recherche pour les campagnes traditionnelles, utilisez l'affichage Termes de recherche de l'onglet Variables. Hélas, il n'y a pas encore d'informations croisées entre les requêtes et les produits affichés.

Notez enfin qu'un simulateur d'enchères, similaire à celui des campagnes classiques (voir question 36), sera bientôt disponible pour les groupes de produits, permettant ainsi d'estimer l'impact d'une hausse ou d'une baisse de CPC max sur les impressions et les clics.

Si vous aviez déjà lancé des campagnes d'annonces pour une offre de produit, appelées PLA, sachez que les champs « adwords_grouping » et « adwords_labels » que vous utilisiez ne sont plus pris en compte dans les campagnes Shopping. Néanmoins, les campagnes PLA restent pour l'instant valides et diffusent vos produits tout comme les campagnes Shopping, même si elles ne proposent pas un degré de gestion aussi poussé que ces dernières.

 124 Comment trouver de nouveaux mots-clés pertinents grâce à une campagne DSA ?

La campagne d'annonces dynamiques (*Dynamic Search Ads* en anglais, DSA) est une fonctionnalité proposée par AdWords qui permet d'automatiser la sélection des mots-clés et des annonces à partir de votre site web. Ce type de campagne s'avère très utile quand vos campagnes classiques sont très développées et que vous estimez avoir déjà acheté les mots-clés les plus importants pour votre compte et votre rentabilité. En effet, l'activation d'une campagne DSA permettra à Google d'afficher vos annonces sur des mots-clés issus de votre site web et pour l'instant absents de votre compte.

Pour lancer une campagne DSA, créez une nouvelle campagne ciblée sur le réseau de recherche uniquement, et sélectionnez «Annonces dynamiques du Réseau de Recherche». Paramétrez le reste de votre campagne de façon classique et entrez l'URL de votre page d'accueil dans la zone Extensions d'annonces.

Extensions d'annonces

Vous pouvez utiliser cette option facultative pour ajouter des informations professionnelles pertinentes à vos annonces.

Annonces dynamiques du Réseau de Recherche ☑ Utiliser le contenu de mon site Web pour effectuer le ciblage de mes annonces

Domaine du site Web ? monsite.com

Langue ? Français

Paramétrage d'extension d'annonce DSA

Votre premier groupe d'annonces peut être générique pour l'ensemble de votre site. Vous pourrez par la suite définir des adgroups plus précis en fonction des catégories de votre site.

La rédaction d'une annonce DSA diffère légèrement de celle d'une annonce textuelle classique : seules les lignes de description et l'URL à afficher sont paramétrables, le titre et l'URL de destination étant automatiquement sélectionnés par le système. Comme vous ne connaissez pas d'avance les mots-clés choisis par AdWords, pensez à indiquer une description très générale. Pour votre premier adgroup générique, laissez cochée la case «Toutes les pages» pour la sélection des cibles d'annonces dynamiques.

Ajout d'une annonce dynamique

Votre campagne DSA est désormais en ligne, il n'y a aucun mot-clé à définir ! Vous devrez patienter au moins 24 heures pour obtenir vos premières performances. L'optimisation de cette campagne consiste à vérifier les mots-clés sur lesquels votre annonce a été affichée par le biais de l'onglet Cibles automatiques, avec l'affichage Cibles d'annonces dynamiques. Cliquez sur le bouton Afficher les termes de recherche et sélectionnez Tous.

Affichage des mots-clés sélectionnés par DSA

Le rapport propose les mots-clés sélectionnés par AdWords et ayant généré l'affichage d'une annonce. Il vous indique le titre qui a été affiché dans l'annonce et l'URL de destination choisie. Vous pouvez ajouter dans vos campagnes classiques les mots-clés les plus performants pour en maîtriser la diffusion, et ajouter des mots-clés exclus pour réduire le trafic des moins pertinents.

Pensez à vérifier régulièrement cette liste de mots-clés automatiques, car AdWords se sert des termes de votre site pour les trouver. Ainsi, il est possible qu'il vous fasse apparaître sur des mots-clés comme « mentions légales » ou « contact » si ce sont des termes présents sur votre site.

Par ailleurs, vous avez la possibilité de créer ou de modifier les cibles d'annonces dynamiques pour les rendre plus précises, ce qui vous permettra d'optimiser vos performances. Lors de cette opération, vous pouvez définir un groupe de pages web en fonction de différents critères. Seules les pages définies par ce ou ces critères seront utilisées par AdWords pour trouver des mots-clés sur lesquels diffuser vos annonces.

Vous pouvez ajouter jusqu'à trois attributs (combinables) pour déterminer une cible dynamique. Vous avez le choix entre les attributs suivants.

- **Category** : Google catégorise automatiquement votre site web en fonction de votre arborescence et du fil d'Ariane présent sur votre site. Vous pouvez sélectionner une catégorie identifiée par Google via un menu déroulant ;

- **URL :** vous pouvez sélectionner toutes les pages contenant un terme précis dans leur URL. Cet attribut est pratique si vos URL sont réécrites ;

- **Page_Title :** servez-vous du contenu du titre de vos pages (balise Title dans le code HTML de vos pages) pour identifier celles qui vous intéressent ;

- **Page_Content :** choisissez un terme compris dans l'intégralité du texte présent sur chaque page pour définir les pages à cibler.

Dans l'exemple suivant, nous sélectionnons les pages de la catégorie accessoires informatique, comprenant « cle-usb » dans l'URL.

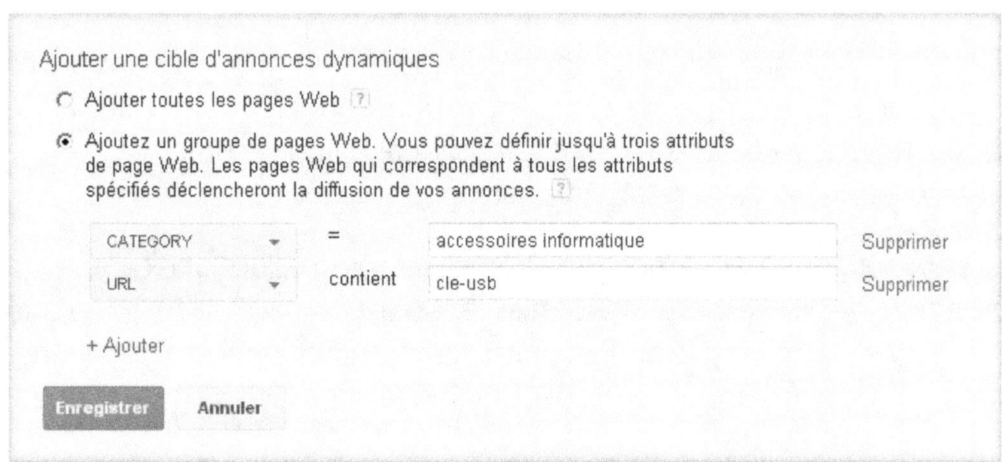

Paramétrage d'une cible d'annonces dynamiques

De la même façon, vous pouvez exclure certaines pages des cibles d'annonces dynamiques utilisées par AdWords. Ces exclusions sont très utiles si vous conservez une cible « Toutes les pages Web ». Elles sont accessibles via le lien en bas de l'onglet Cibles automatiques et se paramètrent avec les mêmes attributs. Pensez à exclure toutes les pages inintéressantes pour AdWords, comme celles des conditions générales ou des explications sur votre activité.

 125 Est-ce possible de lancer une campagne vidéo sur YouTube avec AdWords ?

L'interface AdWords offre en effet la possibilité de diffuser des annonces vidéo sur son réseau Display et sur YouTube. Pour créer une campagne vidéo, rendez-vous dans l'onglet Campagnes, cliquez sur le bouton «+ Campagne» et sélectionnez Vidéo en ligne.

Le paramétrage d'une campagne vidéo ressemble à celui d'une campagne classique de liens sponsorisés, mais en plus simplifié. Une fois votre campagne nommée et le budget quotidien défini, vous pouvez déterminer un mode de diffusion, une zone géographique et un ciblage linguistique.

Les paramètres propres à la campagne vidéo vous permettent tout d'abord de choisir une vidéo disponible sur YouTube comme annonce (via son URL ou votre chaîne YouTube). En effet, Google impose désormais que votre publicité vidéo soit hébergée sur YouTube.

Pour cette annonce vidéo, vous devez alors préciser les réseaux de diffusion (réseau Display, page vidéo de YouTube, page de recherche de YouTube) et son format de diffusion.

Trois formats d'annonces sont disponibles :

- **le format InStream :** il lance votre publicité avant la lecture de la vidéo que souhaite visionner l'internaute, celui-ci ayant la possibilité de stopper cette publicité au bout de quelques secondes. L'annonceur est facturé le prix d'un visionnage si l'internaute voit 30 secondes minimum de la publicité (ou son intégralité si elle est plus courte). Ce format est disponible sur la page vidéo YouTube et le réseau Display ;

- **le format InDisplay :** il affiche un lien vers votre annonce sur la partie latérale droite de la vidéo visionnée par l'internaute, ou en superposition, ou via un affichage classique sur un site partenaire. Vous êtes facturé si l'internaute clique pour lancer la lecture de votre publicité. Ce format est disponible sur la page vidéo YouTube et le réseau Display ;

- **le format InSearch :** il affiche votre vidéo publicitaire en tête des résultats de recherche du moteur de Youtube, en Zone Premium. Google vous facture au clic sur la vidéo publicitaire. Ce format est uniquement disponible sur la page de recherche YouTube.

Pour une vidéo InStream, vous devrez définir une URL à afficher et une URL de destination. C'est le seul format de vidéo qui permet de rediriger directement l'internaute vers votre site web grâce à un clic sur la vidéo.

Pour les vidéos InDisplay et InSearch, vous devez définir un titre et deux lignes de description, comme pour un lien sponsorisé classique, et choisir une miniature qui sera affichée. Vous pouvez aussi préciser si l'internaute verra votre vidéo sur votre chaîne ou sur la page spécifique de la vidéo. Bien entendu, la première option permet de mieux faire connaître votre chaîne YouTube.

Une fois l'annonce définie et nommée, vous pouvez opter entre plusieurs paramètres avancés de diffusion, comme l'optimisation des affichages, mais aussi définir un nombre limité d'affichages par utilisateur unique (par jour, semaine ou mois) afin de maîtriser la pression publicitaire.

En outre, vous avez accès aux ciblages avancés et à l'ajustement des enchères sur les mobiles. Enregistrez votre campagne et passez à l'étape suivante.

Paramétrage de la pression publicitaire d'une campagne vidéo

Dans une campagne vidéo, les groupes d'annonces sont remplacés par des groupes de ciblages, pour lesquels vous devez entrer un coût par vue max (CPV), qui équivaut au CPC max. Ce groupe de ciblages permet de définir les ciblages des catégories démographiques et des thèmes de vidéo regardés. Vous pouvez aussi choisir les sites web de diffusion ou des mots-clés pour le réseau Display. Les paramétrages s'apparentent à ceux des campagnes Display (voir question 120). Notez que pour les formats d'annonces InSearch, vous pouvez définir les mots-clés sur lesquels vous souhaitez diffuser vos annonces sur le moteur de recherche de YouTube.

Une fois ces éléments paramétrés et l'annonce vidéo définie, votre campagne est prête à être diffusée. Vous avez alors accès à une interface séparée de celle des campagnes de liens sponsorisés classiques. Vous y retrouvez toutes les performances dédiées à la vidéo :

- l'**onglet Annonces** indique vos performances d'impressions, de visionnages, de coût et de CPV moyen pour chacune de vos annonces ;

- l'**onglet Vidéos** donne des détails, notamment sur le nombre de visionnages de vos vidéos et la part d'internautes ayant visionné au moins 25 %, 50 %, 75 % ou l'intégralité du temps de votre vidéo. Ces données permettent d'évaluer l'intérêt que portent vos internautes à votre publicité ;

- l'**onglet Cibles** présente vos performances par groupe de ciblages, à la manière des groupes d'annonces pour les campagnes de liens classiques.

Enfin, cette interface vous offre la possibilité de segmenter vos différentes analyses par format d'annonce et par réseau, mais aussi par durée et par type d'appareil.

Chapitre 12
Légalité

126 Qu'est-il interdit d'écrire dans une annonce ?

Les règles de Google AdWords sont très précises concernant la rédaction des annonces. Sauf autorisations particulières, vous ne pouvez pas y faire apparaître des notions liées aux domaines suivants :

- drogues et dépistages ;
- alcool ;
- stéroïdes et anabolisants ;
- incitation à la haine et à la violence ;
- contenus protégés par droits d'auteur ;
- contrefaçon ;
- call girls et prostitution ;
- feux d'artifices ;
- jeux de hasard et d'argent (hors licence valide) ;
- logiciels piratés ;
- produits pharmaceutiques ;
- guerre ;
- sexe et réservé aux adultes (restrictions) ;
- tabac et cigarettes ;
- armes.

Si vos annonces contiennent des termes interdits ou des marques déposées, elles seront automatiquement refusées. Néanmoins, si vous estimez que ce refus est injuste, vous avez la possibilité de demander une dérogation, qui sera examinée par Google. Par exemple, si vous vendez des boîtes à pharmacie et que vous souhaitez utiliser ce terme dans votre annonce, ou si vous désirez utiliser une annonce choc du type « C'est de la bombe ! ». Les termes « pharmacie » et « bombe » étant réglementés et surveillés, vous devrez nécessairement passer par une demande de dérogation.

La procédure de dérogation éditoriale est possible sur l'interface AdWords ou par le logiciel AdWords Editor. Dès qu'AdWords constate un problème dans une annonce, une explication du refus est affichée, avec présence d'une case « Demander une dérogation ». Cochez-la pour demander à un employé de Google de réviser votre annonce (mais vous n'avez pas la possibilité de motiver votre demande).

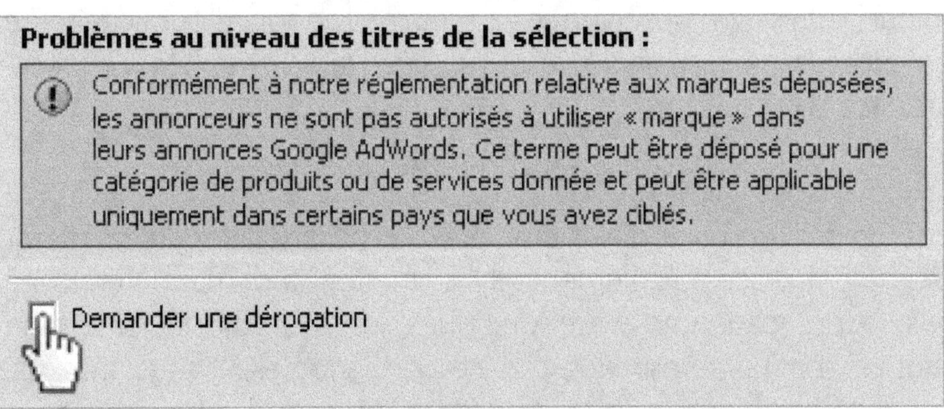

Exemple d'alerte sur AdWords Editor pour la mise en ligne d'un mot-clé contenant une marque protégée

Notez que cette demande ne vous garantit en rien l'acceptation de votre annonce. Ainsi, comme certains mots-clés communs ont été déposés en tant que marque, vous ne pourrez pas les intégrer dans vos annonces, même après une demande de dérogation !

Pour justifier votre demande de dérogation, vous pouvez passer par le formulaire disponible à l'adresse suivante :

http://jo.my/derogation

127 Comment protéger ma marque sur AdWords ?

Depuis septembre 2010, Google ne protège plus les achats de mots-clés marque.

Chacun peut donc acheter en mot-clé n'importe quelle marque. Mais cela ne garantit pas forcément le droit de l'utiliser dans une annonce. En effet, ce n'est pas parce que Google n'assure plus cette protection que vous êtes à l'abri d'un procès, notamment si vous achetez la marque d'un concurrent (voir question 128). Par ailleurs, Google protège toujours l'utilisation des marques au sein de l'annonce publicitaire. Pour demander la protection de votre marque dans les textes d'annonces, consultez l'URL suivante :

http://jo.my/protection-marque

Vous devrez prouver que vous êtes le propriétaire de la marque, notamment grâce aux éléments INPI. Une fois la demande envoyée, il vous faudra patienter entre quelques jours et plusieurs semaines avant d'avoir un retour des services de Google. Si vous trouvez la démarche trop longue, n'hésitez pas à les relancer via ces adresses e-mail : marques@google.com ou ads-trademarks-emea@google.com.

Notez que vous pouvez autoriser certains comptes AdWords (dont le vôtre ou ceux de partenaires) à utiliser vos marques protégées dans les annonces, en le précisant lors de votre demande.

128 Ai-je le droit d'acheter les mots-clés des marques concurrentes ?

Si Google n'assure plus la protection de l'achat des marques déposées sur AdWords, cela ne signifie pas pour autant que vous avez le droit d'acheter le mot-clé correspondant à une marque concurrente. En effet, Google se décharge simplement de la responsabilité légale que peut entraîner cet acte.

Dès lors, si vous achetez la marque déposée d'un concurrent, ce dernier a la possibilité de vous attaquer pour atteinte aux droits de protection d'une marque, et donc de vous assigner en justice.

Il existe deux cas où l'achat de marques déposées est plus ambigu dans la jurisprudence française : lorsque la marque est constituée de mots génériques, ou si vous êtes distributeur agréé de la marque en question. De plus, la jurisprudence en la matière tend à changer régulièrement, et on a déjà pu constater que des conclusions différentes avaient été rendues pour un même type d'affaire.

Mon conseil : ne prenez pas ce risque. Même si la plupart des litiges sur l'achat de marques sur AdWords se règlent à l'amiable, il est possible qu'un concurrent un peu sanguin fasse appel à la justice. Et le jeu en vaut rarement la chandelle.

 129 Que puis-je faire si un concurrent achète ma marque sur AdWords ?

Si vous constatez que vous n'êtes pas seul sur l'achat de votre propre marque sur AdWords, il est inutile de contacter Google qui ne pourra rien faire pour vous. Vous pouvez uniquement lui demander d'interdire l'utilisation de votre marque dans les annonces (voir question 127).

Deux solutions s'offrent alors à vous : poursuivre en justice les concurrents en question, ou résoudre le conflit à l'amiable. Je vous recommande bien entendu la seconde option : prenez contact avec l'entreprise en cause, par téléphone ou par e-mail de préférence, et demandez simplement le retrait de votre mot-clé marque pour des questions de propriété intellectuelle. Accompagnez votre message d'une capture d'écran pour étayer vos propos et montrer votre bonne foi. Engagez-vous à mettre la marque de votre concurrent à votre tour dans les mots-clés exclus de vos campagnes, sur tous les moteurs de recherche. Généralement, cette procédure suffit à régler la plupart des contentieux.

La plupart du temps, des mots-clés marque peuvent être ajoutés inconsciemment par un concurrent, sans intention de nuire. En effet, les outils de suggestion de mots-clés d'AdWords (Générateur, menu Opportunités…) proposent souvent d'acheter la marque d'un concurrent. Un annonceur peu attentif ou faisant confiance à Google peut donc sans le savoir enchérir sur des mots-clés de marques déposées.

Si vous souhaitez faire appel à la justice, demandez conseil à un avocat et réalisez des captures d'écran via constat d'huissier qui démontrent l'achat de votre marque par un concurrent.

Cela étant, même si un concurrent achète votre marque, la meilleure façon de vous défendre est de l'acheter vous aussi (voir question 26). Si votre annonce est la plus pertinente, il y a de fortes chances pour qu'elle soit la plus cliquée et donc la plus mise en avant, au détriment du concurrent.

Enfin, pensez à utiliser Ad Preview (voir question 116) pour vérifier l'achat de votre marque par la concurrence. Parfois, des concurrents malins connaissent le lieu géographique de votre siège et excluent la ville, voire la région en question, dans leur ciblage géographique. De cette façon, il vous est plus difficile de constater l'achat de votre marque par vos rivaux. Alors pensez à vérifier d'autres zones géographiques et d'autres terminaux que l'ordinateur.

Pour obtenir un aperçu des concurrents dont l'annonce s'affiche sur votre requête marque, utilisez l'outil d'analyse des enchères sur vos mots-clés ou adgroups marque. Vous trouverez plus d'informations à ce sujet à la question 119.

130 Qu'est-ce que la fraude au clic ?

La fraude au clic est une pratique qui s'est répandue depuis quelques années, consistant à dilapider le budget de publicité SEA des annonceurs concurrents. Concrètement, la guerre des « clics incorrects » (comme ils sont nommés sur l'interface AdWords) a été lancée par des professionnels mal intentionnés qui ont eu l'idée de cliquer sur les annonces concurrentes pour leur faire dépenser l'intégralité de leur budget, et d'améliorer du même coup la position de leurs propres annonces.

La fraude est devenue massive à partir du moment où des robots ont été élaborés pour automatiser les clics incorrects sur des annonces ciblées, et notamment les clics automatiques réalisés par des PC atteints de virus. Certains instituts estiment que cette fraude représente chaque année entre 15 et 20 % des clics sur les liens sponsorisés dans le monde !

Depuis, Google a beaucoup progressé sur la résolution de ce problème, ce qui a permis de restreindre l'ampleur de ces clics incorrects. En plus de limiter les impacts de la fraude, Google contrôle également la facturation de clics accidentels des internautes.

 # Comment les moteurs de recherche luttent-ils contre la fraude au clic ?

Les méthodes des moteurs de recherche pour lutter contre la fraude au clic ne sont pas publiques, mais gardées secrètes par Google et ses confrères. Pour quelles raisons ? Principalement pour que les fraudeurs ne développent pas de nouveaux systèmes indétectables pour effectuer des clics frauduleux.

Les méthodes les plus basiques sont pourtant les plus efficaces, et notamment la vérification du nombre de clics reçus sur une annonce AdWords dans un intervalle de temps donné, depuis une même adresse IP. Google déclare en outre détecter les clics manuels malveillants, les réseaux de cliqueurs, les logiciels de clics automatiques et les réseaux d'ordinateurs infectés de virus. Il est donc capable de calculer le nombre de clics invalides reçus par un annonceur, généralement par anticipation avec la mise en place d'algorithmes. Les moteurs sont d'ailleurs plus ou moins transparents sur le volume de clics frauduleux dans les campagnes. Google fournit ainsi le volume de «clics incorrects» dans ses rapports, tout en restant très vague dans les détails de sa méthode de calcul.

Il faut savoir qu'un même affichage d'annonce ne pourra enregistrer que deux clics facturés au maximum : au-delà de ce seuil, les clics seront considérés comme incorrects. Tout comme les clics répétés d'un internaute sur l'annonce (y compris sur des liens annexes différents), ou encore le deuxième clic d'un double-clic.

Pour afficher le nombre de clics incorrects reçus et non facturés, rendez-vous dans le niveau de structure de votre choix, personnalisez les colonnes, et ajoutez les clics incorrects dans les statistiques de performances. Votre tableau de performances se dotera ainsi d'une nouvelle colonne avec l'information recherchée. Google ne comptabilise aucun coût pour ces clics, qui ne sont pas considérés comme véritables.

Dans le cas où vous vous croyez victime d'une fraude au clic massive, Google propose un formulaire à remplir pour mener l'enquête par rapport aux éléments que vous leur rapporterez. Pour cela, accédez à l'URL suivante :

http://jo.my/formulaire-fraude

Si Google détecte après coup des clics effectivement frauduleux, vous recevrez un avoir sur votre prochaine facture correspondant à la somme que vous avez payé en trop. Cet avoir apparaîtra sur votre facture sous le nom Ajustements.

De son côté, Bing Ads appelle ces clics frauduleux des «clics de qualité inférieure» et vous donne des informations sur leur volume dans les rapports du compte et des campagnes, en choisissant les statistiques appropriées. Il va même un peu plus loin en détaillant les impressions de qualité inférieure et les conversions générées par des clics jugés de mauvaise qualité.

 132 Puis-je cliquer sur les liens de mon concurrent pour lui faire perdre de l'argent ?

Je ne vous conseille pas de cliquer à mauvais escient sur les annonces de vos concurrents.

Certes, vous pouvez leur faire perdre quelques centimes, voire quelques euros. Mais Google arrive rapidement à détecter les clics frauduleux, notamment ceux issus d'une même machine, et ne les comptabilise pas ou rembourse dès lors l'annonceur victime. Vous n'aurez alors que perdu votre temps.

Google est même transparent à ce sujet depuis plusieurs années, et indique directement dans son interface le nombre estimé de clics frauduleux (nommés «clics incorrects» dans AdWords). Bing Ads propose également cette information dans ses rapports.

Enfin, n'oubliez pas qu'en cliquant sur les annonces concurrentes, vous allez améliorer leur taux de clic, et par conséquent influencer positivement leur Quality Score !

133 Comment être sûr de ne pas payer pour les clics frauduleux de mes concurrents ?

Vous ne pourrez hélas jamais être certain de ne pas payer les clics frauduleux dont vous êtes victime. En effet, si Google s'engage à ne pas vous facturer les clics frauduleux qu'il détecte (et dont il vous donne la volumétrie en termes de «clics incorrects»), rien ne vous apporte la preuve que Google vous fournit des informations réelles.

Ce raisonnement est d'ailleurs applicable à toutes les données fournies par Google, mais vous êtes obligé de faire aveuglément confiance au géant de l'Internet sur la véracité des informations qu'il vous communique si vous souhaitez travailler avec lui. En effet, aucun autre outil n'est capable de vous donner cette information, y compris les plus perfectionnés des outils web analytics.

Vous pouvez suivre le taux de clics incorrects avec le ratio suivant :

clics incorrects / (clics comptabilisés + clics incorrects) × 100

Mais comme vous ne disposez d'aucune indication ni explication, vous n'aurez malheureusement que peu de recours possibles si vous constatez une hausse de ce pourcentage.

Notez que les clics incorrects sont l'une des raisons expliquant l'écart constaté entre les clics sur AdWords et les visites sur Analytics (voir question 118). En effet, ces clics génèrent des visites, et s'ils sont retirés et non facturés sur AdWords, ce n'est pas le cas sur Analytics qui n'écartera pas les visites engendrées par ces clics frauduleux.

Chapitre 13
Facturation

Vous acceptez le règlement
en pièces de cinq centimes ?

 134 Quels sont les différents moyens de paiement d'une campagne de liens sponsorisés ?

Les régies publicitaires proposent généralement différents moyens de paiement pour les liens sponsorisés. Voyons en détail ceux que Google propose.

Il y a tout d'abord le paiement automatique, qui débite de façon régulière votre compte bancaire de la somme dépensée, selon votre fréquence de facturation (seuil de montant ou nombre de jours). Ce paiement n'aura lieu qu'après la dépense publicitaire effective.

Vous pouvez ainsi enregistrer votre carte de crédit ou votre compte bancaire, vous épargnant toute validation ultérieure. Mais surveillez bien votre niveau de dépenses pour ne pas rencontrer de mauvaise surprise.

Il existe également les paiements manuels (par virement ou carte bancaire), qui requièrent votre validation pour déclencher chaque paiement. Sachez que des problèmes récurrents concernant les virements (procédures, temps de réception) ont poussé Google à ne plus proposer ce mode de paiement pour les nouveaux comptes AdWords créés.

En mode manuel, il s'agit de prépaiements : vous provisionnez une somme à dépenser sur votre compte, Google se prémunissant ainsi des défauts de paiement. La somme minimale à créditer est de 10 €. Néanmoins, si vous oubliez de déclencher manuellement le paiement, ou si vous avez du retard, votre campagne sera interrompue.

Enfin, pour les plus gros comptes et les agences, Google AdWords et Bing Ads proposent un système d'ordre d'insertion et de paiement différé sur facture.

135 Comment m'assurer que Google me facture des clics réellement effectués ?

Google, tout comme l'ensemble des régies de liens sponsorisés, vous facture les clics reçus sur vos annonces et vous précise, aussi bien dans les rapports que sur la facture, le détail de ces clics par campagne. Il ne comptabilise pas les clics incorrects, assimilés à de la fraude au clic (voir question 130). Mais comment savoir si Google vous facture le bon niveau de dépenses ?

Malheureusement, il est presque impossible de contrôler les dires de Google. Une solution consiste à installer un outil web analytics tiers sur votre site et de tracker l'ensemble des URL de destination des mots-clés achetés. Cette méthode vous donnera une idée du volume de clics reçus, mais sans être fiable à 100 %, car la méthode de comptabilisation des clics est forcément différente de celle d'AdWords.

Qui plus est, vous constaterez toujours un écart entre les informations fournies par AdWords et celles de Google Analytics sur la même période. Plusieurs raisons expliquent ces écarts (voir question 118).

Dès lors, il ne vous reste plus qu'à faire confiance aux géants de l'Internet sur le montant facturé, sachant qu'il est très difficile de faire une réclamation sur le nombre de clics comptabilisés. Cela ne doit néanmoins pas vous empêcher de vérifier chaque mois que le montant effectivement facturé est égal à celui comptabilisé sur la plate-forme.

D'ailleurs, on constate parfois des « ajustements » sur les factures Google, souvent en faveur de l'annonceur, auquel AdWords reverse quelques euros suite à des contrôles automatiques a posteriori.

 136 Comment obtenir les factures de Google AdWords ?

Dans la plupart des cas, Google n'envoie pas de facture par courrier postal. En effet, que vous ayez choisi le prépaiement manuel ou le post-paiement automatique, Google se contente de mettre les factures à disposition sur son interface.

Pour les récupérer, rendez-vous dans le menu Paramètres (l'écrou en haut à droite) et cliquez sur Facturation, puis sur Factures. Les factures sont mises à disposition sur AdWords une fois le mois écoulé (et le paiement manuel effectué si cette option a été choisie). Elles sont éditées à un rythme mensuel au format PDF.

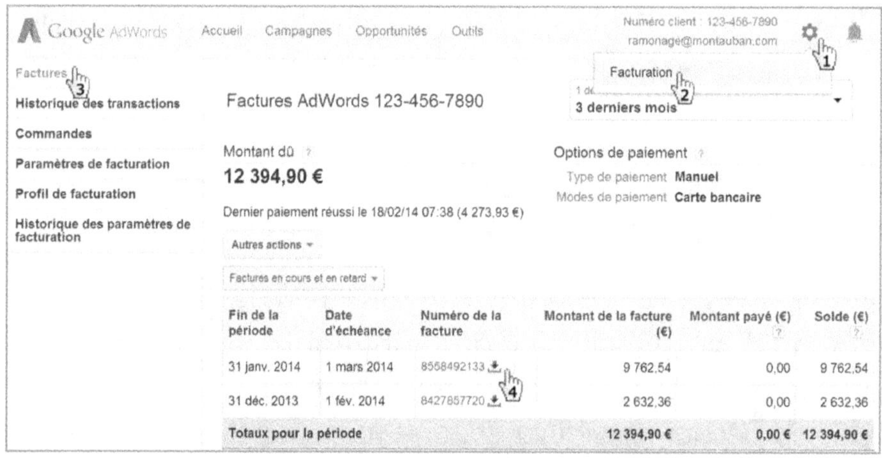

Accès aux factures de Google AdWords

Seuls les plus gros clients et les agences, qui échangent avec Google par le biais d'ordres d'insertion, bénéficient de factures à la fois disponibles en ligne et envoyées par courrier postal.

 # Si je clique sur mes propres annonces, vais-je être facturé ?

Les conséquences des clics sur ses propres annonces constituent une question récurrente dans l'univers des liens sponsorisés, et notamment pour les grosses entreprises avec de nombreux salariés. En effet, nombreux sont ceux qui n'ont pas les connaissances de base du SEA et cliquent sur un lien sponsorisé pour accéder au site web de leur entreprise, sans réellement savoir qu'ils génèrent potentiellement une dépense pour leur employeur.

En clair, sachez que si vous cliquez un nombre de fois raisonnable sur vos annonces, ces clics vous seront facturés. En effet, les régies publicitaires n'ont aucun moyen de savoir que derrière votre ordinateur, vous êtes celui qui possède le compte de liens sponsorisés, et donc ils vous facturent.

Mais si vous cliquez de nombreuses fois depuis la même adresse IP (ou derrière le même proxy pour certaines entreprises), il y a de fortes chances pour que ces clics ne soient pas comptabilisés et considérés comme des clics incorrects (voir question 131).

Pour ne pas dépenser de l'argent inutilement, vérifiez vos annonces sur l'outil de Google nommé Ad Preview (voir question 113).

Enfin, sachez qu'AdWords propose de désactiver l'affichage des annonces sur des adresses IP prédéfinies. Ce paramétrage s'applique au niveau des campagnes. Pour exclure une IP sur l'interface AdWords :

1. après avoir choisi une campagne, rendez-vous dans l'onglet Paramètres ;

2. en bas de page, dans les paramètres avancés, déroulez le lien Exclusions d'adresses IP et cliquez sur Modifier ;

3. indiquez une adresse IP par ligne, puis enregistrez. Jusqu'à 500 adresses IP peuvent être exclues par campagne ;

4. copiez-collez cette liste dans toutes les campagnes où vous souhaitez exclure ces adresses IP.

Cette opération peut être également intéressante si vous arrivez à obtenir l'adresse IP de vos concurrents, afin de brider la veille concurrentielle et de potentiels clics frauduleux.

Attention, si vous désactivez l'affichage des annonces pour votre adresse IP, vous n'aurez plus aucun moyen de visualiser vos annonces en ligne. Dans ce cas, il vous faudra prendre l'habitude d'utiliser Ad Preview.

Chapitre 14
Prestataires

138 Est-ce intéressant de déléguer la gestion des liens sponsorisés à un prestataire ?

Cette question se pose réellement. En effet, le coût d'une prestation n'est pas négligeable (voir question 141), et la valeur ajoutée potentielle de l'agence ou du free-lance est prépondérante dans le choix de l'externalisation ou de l'internalisation de cette compétence.

Il faut bien reconnaître que les avantages d'un prestataire spécialisé en liens sponsorisés sont nombreux.

- Le prestataire vous permet de gagner beaucoup de temps, la gestion complète d'une campagne de liens sponsorisés étant très chronophage. À plus forte raison si votre campagne est diffusée sur plusieurs régies.

- Parmi les bases du métier d'un prestataire, la veille régulière est très importante sur un marché aussi actif. Le consultant de votre compte vous informe des nouveautés et des éventuelles opportunités à saisir.

- Certains prestataires proposent également de vous former au métier, le transfert de compétences faisant intégralement partie de leurs services.

- Les agences, surtout les plus importantes, mettent souvent à disposition de leurs clients des outils propriétaires et utiles dans la gestion au quotidien des campagnes, des statistiques et du tracking.

- Les grosses agences ont souvent des relations directes et privilégiées avec les équipes commerciales des régies publicitaires, ce qui peut être utile !

- Enfin, de nombreuses agences se proposent d'être mandataire payeur, c'est-à-dire qu'elles gèrent la totalité de la facturation avec les différentes régies, et vous envoient une facture unique (comprenant les honoraires).

Mais opter pour un prestataire implique aussi des contraintes qu'il faut bien assimiler avant d'envisager une collaboration.

- Comme nous l'avons dit, le prestataire représente un coût supplémentaire non négligeable à prendre en compte dans le calcul de la rentabilité des liens sponsorisés (voir question 141).

- En déléguant la gestion en externe, vous vous coupez de la flexibilité qu'offre la gestion internalisée et vous ne capitalisez pas sur les compétences au sein de votre entreprise. La communication avec un prestataire externe est toujours plus compliquée qu'en interne, et vous vous rendez en quelque sorte dépendant de cette entreprise sur une partie de votre communication.

- La qualité de la prestation de gestion dépend en grande partie des compétences et qualités de la personne qui gère votre compte. Les résultats peuvent être ainsi plutôt variables, et il est indispensable de vérifier régulièrement le travail effectué.

- Bien souvent, vous n'aurez plus le contrôle direct de votre compte, parce que l'agence utilisera potentiellement un outil propriétaire qui effacera toutes les modifications opérées par d'autres utilisateurs. De plus, sachez qu'un compte géré efficacement ne peut avoir qu'un seul responsable, et les confusions vont vite s'installer si vous modifiez vos campagnes sans prévenir le prestataire.

- Enfin, le prestataire ne vous donnera jamais de garantie de résultats !

Dans tous les cas, je vous conseille fortement de négocier une période de test avant d'accepter tout engagement sur le long terme. Celle-ci vous permettra de juger de la compétence du prestataire avant d'envisager une collaboration durable.

 **139** # Pour gérer mes liens sponsorisés, vaut-il mieux faire appel à une agence ou à un free-lance ?

Il existe deux types de prestataires permettant de gérer les campagnes de liens sponsorisés : les agences et les free-lances. D'après mon expérience personnelle, le choix de l'un ou de l'autre dépendra de différents critères et de votre sensibilité.

Les caractéristiques d'une agence sont les suivantes :

- Ses tarifs correspondent souvent à un pourcentage du budget investi, sachant qu'un volume important de dépenses permet de négocier les frais de gestion à la baisse.

- Une période d'engagement minimale (ou avec tacite reconduction) est souvent de mise dans le contrat.

- Selon l'agence, le compte est administré manuellement, ou à l'aide d'un outil de tracking qui permet parfois de gérer les enchères automatiquement.

- Une agence gère des clients par dizaines, et potentiellement un ou plusieurs de vos concurrents.

- Il existe sur le marché pléthore de petites ou de plus grosses agences, faciles à trouver.

- Une agence pourra vous proposer d'être mandataire payeur, c'est-à-dire de régler à votre place les campagnes de liens sponsorisés aux régies, vous laissant la possibilité de les acquitter en différé.

- Vous aurez deux contacts différents : le commercial avec qui vous établirez le contrat, et le consultant opérationnel qui travaillera sur votre compte. La qualité de la gestion dépendra des compétences du consultant.

- Une agence promet un consultant très disponible et un suivi plus important dans le temps qu'avec un free-lance.

Un free-lance offre une approche bien différente :

- Ses tarifs sont souvent moindres par rapport à une agence, car un free-lance est plus enclin à négocier les frais de gestion et la période d'engagement. Vous pouvez notamment évoquer avec lui des modèles de rémunération différents comme le CPA.

- Il gère des campagnes AdWords le plus souvent de façon manuelle, sans outils particuliers autres qu'AdWords Editor.

- Il possède généralement assez peu de clients. Derrière un free-lance se cache souvent une petite structure ayant le statut d'auto-entrepreneur.

- Les free-lances ne sont pas très nombreux et donc difficiles à dénicher. Le bouche-à-oreille est souvent le meilleur moyen de rentrer en contact avec eux.

- Un free-lance s'investira dans votre campagne avec beaucoup de proactivité, mais sera moins disponible que le consultant d'une agence. En effet, il sera souvent en poste durant les heures de travail et ne pourra gérer votre compte que les soirs et les week-ends.

Dans tous les cas, que votre prestataire soit un free-lance ou une agence, vous devrez être très présent et le contacter fréquemment pour suivre ses actions. N'hésitez pas à lui demander un reporting de façon régulière, comprenant une analyse des performances et des propositions d'optimisation.

N'oubliez pas que vous pouvez contrôler l'activité d'un prestataire sur votre compte AdWords grâce à l'Historique des modifications (voir question 75).

140 Comment trouver une bonne agence de gestion des liens sponsorisés ?

Il existe des centaines d'agences de gestion de liens sponsorisés : petites, grandes, spécialisées en SEA, généralistes du marketing online… Le marché est très étendu et il est parfois bien difficile de s'y retrouver.

Une simple recherche sur Internet peut déjà vous aider, mais Google met aussi à votre disposition une liste exhaustive d'agences «accréditées» AdWords (entreprises certifiées par le programme Google Partners, voir question 143). Ces prestataires sont référencés sur le site dédié à la recherche de spécialistes :

http://jo.my/specialistes-adwords

Pour autant, comment choisir une agence parmi toutes celles disponibles ? Le bouche-à-oreille fonctionne bien dans le petit milieu du Web, aussi n'hésitez pas à demander conseil à votre réseau. Prenez contact avec celles que vous avez sélectionnées et faites confiance à votre première impression. Une agence efficace est également une agence avec laquelle vous aurez des relations de bonne intelligence.

Enfin, n'hésitez pas à négocier les tarifs commerciaux annoncés par une agence. Plus vous êtes un annonceur important avec des investissements conséquents, plus votre marge de négociation sera grande.

 141 Combien coûte une agence de gestion des liens sponsorisés ?

Le choix de passer par une agence webmarketing pour la gestion de votre SEA est une décision importante, notamment au niveau budgétaire.

Le mode de rémunération peut varier selon les agences. Mais il se traduit encore souvent par un pourcentage du budget investi, que vous reverserez à l'agence au titre d'honoraires (avec un forfait minimum garanti en cas de dépenses trop faibles sur le mois). En moyenne, le taux de base proposé par les agences est de 15 % de l'investissement (par exemple, pour 1 000 € de dépenses, les honoraires sont de 150 €). Avec ce mode de calcul, l'agence a tout intérêt à voir votre budget investi augmenter. Et rappelez-vous que votre marge de négociation des honoraires dépend de votre taille et de votre niveau d'investissement.

Certaines petites agences fonctionnent avec une rémunération fixe forfaitaire, mais c'est de plus en plus rare. D'autres prestataires développent un service à la performance, où ils se rémunèrent sur l'atteinte des objectifs et des conversions générées. Dans la plupart des cas, les honoraires sont alors partagés entre une partie fixe (pourcentage réduit du budget investi) et une partie variable en fonction des résultats. Les agences sont encore peu nombreuses à proposer ce type de rémunération, pourtant intéressant.

Notez que si l'agence vous propose un système de tracking spécifique, ce dispositif est souvent considéré comme un supplément payant (au coût par clic).

L'agence vous soumet généralement un contrat avec une durée d'engagement d'un an minimum. Le travail à fournir étant plus important en début de prestation (création de compte, restructuration d'une campagne, etc.) qu'après (optimisation récurrente des campagnes), les agences souhaitent ainsi éviter de perdre leurs clients une fois la phase la plus chronophage terminée.

Entre le forfait minimum garanti et la durée d'engagement, le choix de passer par une agence pour déléguer la gestion de ses liens sponsorisés est donc loin d'être anodin et représente un budget additionnel non négligeable.

 142 Est-ce que mon prestataire peut utiliser mon propre compte pour gérer mes campagnes ?

Un compte de liens sponsorisés doit toujours rester la propriété du client final, c'est-à-dire de la personne ou de la société qui règle la facture. Par conséquent, si vous souhaitez déléguer la gestion de votre compte à un prestataire, vous demeurerez propriétaire du compte, que vous devrez créer vous-même.

Il est important que vous ne communiquiez jamais votre login ni votre mot de passe au prestataire, même s'il vous le demande. Ces informations sont strictement personnelles et confidentielles. Si le prestataire se connecte à votre compte par vos codes d'accès, il sera en effet plus compliqué pour vous d'utiliser l'Historique des modifications pour contrôler son activité (voir question 75).

Pour lui permettre d'accéder à votre compte, ouvrez-lui un accès utilisateur avec son adresse e-mail (voir question 74). Cela vous évitera ainsi tout désagrément le jour où vous ne travaillerez plus ensemble. Pour lui révoquer l'accès, il vous suffira alors de supprimer son adresse de la liste des utilisateurs.

Notez qu'une agence peut vous demander de lier votre compte à son centre multicompte pour lui faciliter l'accès et la gestion opérationnelle : vous pouvez accepter sans crainte. Vous aurez toujours la possibilité de désactiver cette liaison dès vous le souhaitez.

143 Qu'est-ce que l'examen du programme Google Partners ?

Peut-être avez-vous déjà entendu parler de cet examen, édité et mis en place par Google ? Cette certification nommée Google Partners vous permet à titre personnel d'être reconnu sur le marché comme capable de gérer une campagne AdWords. Et si vous représentez une entreprise ou une agence, elle lui offre la possibilité d'être référencée par Google comme spécialiste agréé (voir question 140).

Pour passer cet examen, rendez-vous sur l'URL suivante :

http://jo.my/certification-google

La certification se déroule depuis votre ordinateur en plusieurs sessions, dont deux dédiées aux liens sponsorisés AdWords et une au réseau Display. Chaque session comporte entre 90 et 100 questions, auxquelles il faut répondre en deux heures. Pour chaque session, un taux de réussite minimal doit être atteint. Désormais, la participation à ces sessions est gratuite.

Ces questions, qui peuvent être très précises ou plus générales, sont à choix multiples et parfois ambiguës. Sachez que Google n'en communique pas les réponses après l'examen.

L'examen sur les bases de la publicité AdWords est obligatoire. Il comporte une centaine de questions, auxquelles il faut répondre en deux heures maximum. Pour le passer avec succès, vous devez obtenir au moins 85 % de bonnes réponses. Il est valable pendant deux ans.

Vous devez également réussir l'un des examens avancés, que ce soit celui dédié au réseau de recherche (80 % de bonnes réponses à obtenir), ou celui consacré au réseau Display (70 % de bonnes réponses à obtenir). Ces examens avancés sont valables pendant un an.

Pour qu'une agence ou une entreprise soit accréditée et remplisse les conditions du programme Google Partners, il faut que l'un de ses employés soit certifié à titre personnel et qu'elle dispose d'un centre multicompte (voir question 144) incluant des comptes ayant dépensé un minimum de 10 000 $ sur AdWords au cours des trois derniers mois. Pour plus d'informations sur le programme Google Partners, consultez l'URL suivante :

http://jo.my/google-partners

144 Comment gérer plusieurs comptes Google AdWords depuis une seule interface ?

Cette question est assez spécifique, car elle ne concerne que de très gros annonceurs ou des agences gérant les comptes de plusieurs clients.

Pour ces annonceurs un peu particuliers, Google a mis en place un centre multicompte AdWords (CM, également appelé MCC, pour *Multi Client Center*), qui crée un nouvel échelon supérieur en regroupant plusieurs comptes. Ces derniers peuvent ainsi centraliser leur gestion et disposer de rapports concaténant l'ensemble de leurs statistiques.

Les apports d'un MCC sont intéressants sur le plan du reporting, de l'agrégation des informations et de la facturation, mais ils n'ont pas vraiment de valeur ajoutée au niveau de la gestion opérationnelle, si ce n'est la mise en place de règles automatiques communes à plusieurs comptes.

Pour obtenir un centre multicompte, rendez-vous sur le site suivant :

http://jo.my/mcc-adwords

Commencez par créer un nouveau compte Google ou ouvrez un compte existant n'ayant pas d'accès à AdWords. Puis nommez votre nouveau compte et indiquez si votre CM vous servira pour gérer vos propres comptes ou ceux d'autres personnes. Une fois le fuseau horaire et la devise sélectionnés, les conditions générales acceptées et votre inscription validée par e-mail, votre centre multicompte est créé.

Connectez-vous à ce dernier avec votre nouvel accès, et cliquez sur le bouton Associer les comptes existants. Il suffit d'inclure l'ID du compte AdWords que vous souhaitez rattacher, et une demande d'approbation sera alors envoyée au propriétaire du compte. Pour l'accepter, celui-ci devra se rendre dans le menu Mon compte, dans Accès au compte, et appuyer sur le bouton Accepter la demande.

Chapitre 15
Encore des questions ?

Moi ! Moi, m'sieur ! J'ai encore des questions !

145 Est-il possible de contacter les équipes de Google en cas de problème avec ma campagne ?

Le contact avec les équipes commerciales de Google est historiquement compliqué pour les annonceurs : en effet, le géant de l'Internet a toujours aimé jouer les inaccessibles.

Pour les plus gros clients, ou ceux qui passent par le biais d'une agence relativement importante, un service de gestionnaire de compte *(Account Management)* est disponible, basé à Paris et à Dublin. Pour les plus petits, Google a fait un effort de disponibilité et développé des moyens pour joindre des conseillers AdWords. Un numéro de téléphone a été mis en place pour aider à la création de votre première campagne, que vous trouverez sur la page d'accueil d'AdWords.

Google a également créé un forum d'aide, administré par des employés de la firme, qui a déjà résolu un grand nombre de questions liées à AdWords. Si vous ne trouvez pas la réponse à votre question dans cet ouvrage, consultez donc ce forum officiel, disponible à l'adresse :

http://jo.my/forum-adwords

Enfin, Google propose également un contact par service de messagerie instantanée en ligne, du lundi au vendredi de 9 h à 18 h. Les réponses des conseillers sont assez claires et permettent de résoudre la plupart des problèmes. Pour accéder à ce service, connectez-vous à votre compte AdWords, allez à l'adresse :

http://jo.my/chat-en-ligne

et cliquez sur le lien pour démarrer le *chat*.

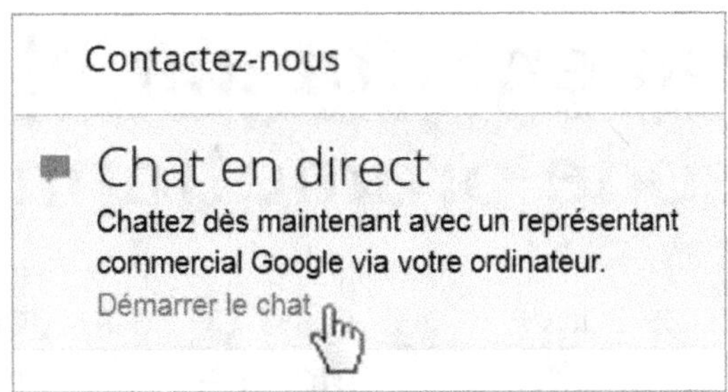

Accès au chat avec un conseiller

Si le lien n'est pas accessible, c'est que tous les conseillers sont occupés : patientez alors quelques secondes et rafraîchissez votre page. Gardez bien sous la main votre e-mail de connexion et votre numéro de compte AdWords qui vous seront demandés.

 # Comment obtenir et utiliser un code promotionnel ?

Google distribue très souvent des bons de réduction AdWords, que ce soit sur Internet, sous forme de publicités insérées dans des magazines, ou plus récemment par courrier postal et électronique aux clients d'autres services Google.

D'un montant variable (50, 75 ou 100 €, dans la plupart des cas) et d'une valeur monétaire se réduisant si vous attendez trop longtemps avant de l'utiliser, ces bons ne sont malheureusement valables que pour les nouveaux clients. Google envoie également des bons d'une valeur plus importante, mais dont la dépense remboursée se limite à un mois d'activité.

Vous pouvez recevoir un code promotionnel de la part de Google en vous rendant sur l'URL suivante :

http://jo.my/code-promo-adwords

Prenez bien connaissance des conditions de l'offre en cours sur ce site, car il est possible que le montant offert ne s'active qu'après un certain montant de dépenses. Si vous possédez déjà un compte actif sur AdWords, vous ne pourrez pas profiter de ce code promotionnel, qui consiste à vous offrir les premiers clics d'un nouveau compte. En revanche, si vous êtes un nouveau client, disposant d'un compte ouvert il y a moins de 14 jours, vous pourrez entrer le code promotionnel dans la partie Facturation, et ainsi en bénéficier (mais un seul bon de réduction par compte).

Notez qu'il n'existe aucun moyen de transformer ce bon de réduction en espèces sonnantes et trébuchantes et que celui-ci ne prend pas en charge les frais d'ouverture de compte de 5 €.

147 Puis-je lancer seul et sans connaissances techniques une campagne de liens sponsorisés ?

La gestion des liens sponsorisés vous semble complexe ? Il est vrai que ce domaine du webmarketing n'est pas toujours des plus aisés à comprendre. Néanmoins, cet ouvrage devrait vous permettre de répondre à vos principales questions sur le sujet. Si vous cherchez plus d'informations à ce propos, je vous conseille la lecture d'un tutoriel dédié aux liens sponsorisés, disponible à l'adresse :

http://jo.my/tutoriel-sea

Cette formation en ligne vous accompagnera dans le lancement de vos campagnes, avec pour objectif de vous rendre totalement autonome sur la gestion opérationnelle du SEA.

Si vous souhaitez être personnellement assisté, certaines agences de marketing online ou des free-lances proposent une gestion externalisée de vos campagnes (voir question 138).

Sachez que cet ouvrage et le tutoriel « Liens Sponsorisés » ont été entièrement rédigés par mes soins dans le but de vous enseigner l'essentiel de ce domaine.

Vous êtes prêt à démarrer ? Rendez-vous à la question 32 pour mettre en place votre première campagne.

148 Combien de temps faut-il pour lancer une campagne de liens sponsorisés ?

Le lancement d'une campagne de liens sponsorisés peut être très rapide. En quelques minutes, vous pouvez acheter plusieurs mots dans un groupe d'annonces, rédiger une annonce publicitaire et lancer votre compte une fois les paramètres de facturation réglés. C'est avec vos premiers résultats que vous pourrez rapidement optimiser la campagne et améliorer vos performances.

Cependant, gardez à l'esprit que le lancement d'une campagne importante, composée de dizaines d'adgroups et d'annonces, et gérée de façon sérieuse, nécessite une réflexion indispensable quant à la stratégie à adopter pour le choix des mots-clés, la structure du compte et la rédaction des annonces.

En outre, vous devez savoir que tous ces aspects opérationnels requièrent généralement beaucoup de temps, notamment la rédaction d'annonces uniques et pertinentes.

149 Qu'est-ce qu'un outil de bid management ?

Un outil de bid management (ou gestion d'enchères, en français) est un outil connecté à l'API des régies publicitaires qui va agir sur les éléments de votre compte de façon automatique ou semi-automatique, selon des règles définies en amont. Établissant un lien entre les performances disponibles sur les interfaces de liens sponsorisés et les résultats effectifs de conversion de l'annonceur (chiffre d'affaires validé, marge), il permet par exemple de désactiver un mot-clé ou d'en modifier automatiquement le CPC max en fonction de sa rentabilité finale. Comme ce type d'outil est censé faciliter la gestion opérationnelle des campagnes et optimiser leurs performances, il est parfois proposé ou utilisé par des agences SEA.

Google AdWords met aussi à disposition les principales fonctions d'un outil de bid management, sous la forme de règles automatiques, qui sont accessibles depuis les onglets Campagnes, Groupes d'annonces, Mots-clés et Annonces via le bouton Automatiser.

Si les conditions définies sont remplies, un grand nombre d'actions automatiques sont proposées, telles que :

- la modification de votre capping budgétaire quotidien ;

- la mise en veille ou l'activation de campagnes, groupes d'annonces, mots-clés ou annonces ;

- la modification des CPC max des mots-clés ou adgroups ;

- l'envoi d'un e-mail d'alerte.

Ces règles sont puissantes, mais également très dangereuses pour la gestion au quotidien si elles sont mal maîtrisées. Je vous recommande donc de limiter leur utilisation, car elles ne sont pas évidentes à paramétrer, et chaque règle peut avoir des impacts sur une autre.

La seule règle dont vous pouvez vous servir sans risque est l'envoi automatique d'un e-mail d'alerte si certaines conditions sont réunies. Ce type d'alerte peut vous permettre d'identifier facilement les éléments de votre compte à optimiser en priorité. Les conditions à remplir pour déclencher une telle alerte sont diverses et variées : si une campagne excède un coût par conversion défini sur les sept derniers jours, si un mot-clé dépasse un budget dépensé défini sans aucune conversion générée sur le mois précédent, etc.

Si je ne trouve pas la réponse à ma question dans ce livre, que faire ?

Ce livre est collaboratif. Pour le rédiger, j'ai récolté au cours de ces dernières années toutes les questions de mes clients, collaborateurs et amis à propos d'AdWords.

Dans le but de coller toujours plus aux attentes de mes lecteurs, n'hésitez pas à me donner votre avis suite à la lecture de ce guide et à me poser les questions auxquelles je n'aurais pas répondu à l'adresse :

http://jo.my/poser-une-question

Cela sera pour moi l'occasion d'étoffer la prochaine édition.

Vous pouvez également retrouver toute l'actualité du SEA, du SEO et du webmarketing en me suivant sur Twitter :

https://twitter.com/florianmarlin

ou en consultant le blog auquel je participe :

http://jo.my/blog-webmarketing

Une remarque sur le contenu du livre ? Pour me contacter, envoyez-moi un tweet ou un e-mail :

http://jo.my/contact-auteur

Glossaire

A/B testing : *voir* **Test A/B**

Ad Preview : *voir* **Google Ad Preview**

Ad Rank : algorithme de classement utilisé par Google pour classer les positions des différentes annonces concurrentes sur une même requête d'internaute. Multipliant le Quality Score par le CPC max, il tient aussi compte depuis peu de la présence et de la performance de vos extensions d'annonces.

Ad Sitelinks : *voir* **Liens annexes**

Adgroup : *voir* **Groupe d'annonces**

Administrateur de compte AdWords : administrateur qui a, outre l'accès au compte, la possibilité de gérer les options de facturation et les accès des utilisateurs secondaires.

Adresse IP : numéro d'identification lié à un ordinateur connecté à Internet, qui permet à Google de localiser géographiquement un internaute.

AdSense : *voir* **Google AdSense**

AdWords Editor : *voir* **Google AdWords Editor**

Agence webmarketing : prestataire de services qui propose la gestion des leviers de marketing online, dont les liens sponsorisés, pour le compte d'un annonceur.

Algorithme : suite de méthodes destinée à accomplir une tâche précise. On parle ainsi de l'algorithme de recherche de Google pour désigner sa façon de sélectionner les liens à afficher en fonction d'une requête sur son moteur.

Analyse des enchères : rapport qui permet de connaître les concurrents positionnés sur les mots-clés achetés par un annonceur, avec la comparaison des performances de positionnement.

Annonce textuelle : texte publicitaire diffusé sur les moteurs de recherche, constitué d'un titre, d'une description et d'une URL à afficher.

Analytics : *voir* **Google Analytics**

Annonceur : terme qui désigne généralement le client de la régie publicitaire, qui va investir de l'argent dans les liens sponsorisés pour promouvoir son site.

API (*Application Programming Interface*) : interface de programmation permettant à plusieurs programmes d'interagir entre eux. Par l'intermédiaire d'une API, les régies publicitaires donnent accès aux données statistiques brutes et offrent la possibilité de modifier automatiquement les campagnes.

Balise d'insertion de mot-clé : *voir* **Balise Keyword**

Balise Keyword : paramètre à entrer dans une annonce pour que le mot-clé acheté y soit automatiquement repris. Cette balise est composée d'un «mot par défaut» qui est affiché si le mot-clé tapé par l'internaute est trop long pour être intégralement repris dans le titre.

Bibliothèque partagée : partie de l'interface AdWords rassemblant des paramètres partagés entre plusieurs campagnes d'un même compte.

Bid management : gestion automatisée d'enchères qui permet d'optimiser les CPC max d'une campagne de liens sponsorisés. Les outils de bid management utilisent des règles définies par l'utilisateur pour modifier automatiquement le statut et le CPC max des mots-clés.

Bing : nom du moteur de recherche de Microsoft depuis 2009. La régie publicitaire qui gère les liens sponsorisés des moteurs de Bing et de Yahoo! s'appelle Bing Ads.

Budget partagé : fonctionnalité qui permet de définir un montant quotidien maximal réparti entre plusieurs campagnes, servant à limiter la dépense budgétaire globale. Il est prioritaire sur le budget quotidien défini au niveau de chaque campagne.

Budget quotidien : aussi appelé «capping budgétaire», budget défini au niveau de la campagne qui permet à la régie publicitaire de lisser la dépense de façon homogène. Celle-ci ne peut dépasser le budget quotidien.

Calendrier de diffusion : fonctionnalité de Google qui permet de moduler les enchères des mots-clés en fonction de l'heure ou du jour, voire d'interrompre les annonces durant une période précise de la semaine.

Campagne : campagne de liens sponsorisés contenant plusieurs groupes d'annonces. C'est à son niveau que l'on gère le capping budgétaire et les principaux paramètres.

Campagne universelle : nouveau format de campagne imposé depuis mi-2013. Les campagnes universelles permettent principalement de modifier l'enchère d'une annonce en fonction de la localisation, du terminal (smartphone, ordinateur/tablette), du jour et de l'heure de la journée à laquelle l'internaute tape sa requête. Elles introduisent donc des changements importants dans la gestion quotidienne des campagnes, et notamment de nouvelles contraintes.

Capping budgétaire : *voir* **Budget quotidien**

Captcha : sorte de test de Turing «inversé», demandant à l'utilisateur de saisir un certain nombre de caractères distordus apparaissant à l'écran. Il s'agit d'une procédure de sécurité visant à empêcher les robots de remplir automatiquement des formulaires sur Internet.

Centre multicompte : aussi appelé *Multi Client Center* (MCC), niveau le plus élevé de gestion des comptes. Le centre multicompte est destiné aux agences et aux annonceurs importants, qui peuvent ainsi gérer l'intégralité de leurs comptes depuis un seul et même accès.

Ciblage : paramètre propre à chaque mot-clé permettant de modifier les règles d'affichage du lien sponsorisé. Il existe trois principaux ciblages : Large, Expression et Exact.

Cible d'annonces dynamiques : paramètre de ciblage de pages de destination qui remplace un mot-clé au sein d'une campagne DSA.

Cible de produits : paramètre de ciblage qui remplace un mot-clé au sein d'une campagne Shopping.

Click Through Rate (CTR) : *voir* **Taux de clic**

Clics frauduleux : *voir* **Clics incorrects**

Clics incorrects : clics identifiés et non comptabilisés par Google, correspondant souvent à des clics générés par erreur ou par des méthodes interdites et assimilés à de la fraude au clic.

Code promotionnel : bon de réduction diffusé par Google pour bénéficier d'un montant de clics offerts à la création d'un compte AdWords.

Cookie : petit fichier enregistré sur l'ordinateur d'un internaute lors de son clic sur une annonce AdWords et la visite d'un site web, enregistrant les différents paramètres de sa navigation. C'est sur ce cookie que reposent les principes de tracking et de web analytics.

Compte : accès principal à l'interface AdWords, regroupant les campagnes publicitaires de l'annonceur et les options de facturation.

Conversion : action réalisée sur le site d'un annonceur, comme la conclusion d'une vente ou le remplissage d'un formulaire, et répondant à l'objectif de l'annonceur.

Coût par action (CPA) : aussi nommé coût par acquisition/conversion, mode de rémunération basé sur la transformation d'une action webmarketing. Concrètement, l'annonceur rétribue le service d'acquisition de trafic non pas au clic, mais à l'action générée par le trafic drainé. Le CPA correspond au ratio investissement/nombre d'actions.

Coût par clic (CPC) : mode de tarification qui facture à l'annonceur chaque clic d'un internaute sur un lien sponsorisé.

Coût par mille (CPM) : mode de tarification qui facture à l'annonceur un coût dès lors que mille impressions de la publicité ont été affichées. Sur AdWords, il ne peut être utilisé que dans le cadre d'une campagne sur le réseau Display.

CPC max (coût par clic maximum) : paramètre d'enchère par mot-clé qui désigne le montant maximal qu'est prêt à dépenser un annonceur pour un clic sur l'annonce liée à ce mot-clé.

CPC moyen (coût par clic moyen) : coût moyen dépensé pour chaque clic sur une annonce. Il correspond au ratio coût total/nombre total de clics.

CTR : *voir* **Taux de clic**

Description : partie de l'annonce publicitaire qui permet d'inscrire jusqu'à 70 caractères.

Display URL : *voir* **URL d'affichage**

Double affichage : contexte où un annonceur possède plusieurs liens sponsorisés pour différents sites sur la même page de résultats de recherche d'un internaute.

Doublon : répétition d'un mot-clé au sein d'un même compte de liens sponsorisés, quel que soit son ciblage.

DSA *(Dynamic Search Ads)* : campagne qui permet de générer l'affichage d'annonces avec des titres automatiques sur des mots-clés sélectionnés par AdWords et non achetés par ailleurs. Le nom français de DSA est «annonces dynamiques du réseau de recherche».

Emplacement géré : site web sur lequel sont diffusées via le réseau Display des annonces textuelles ou illustrées, que l'on peut isoler pour modifier son enchère et suivre ses performances.

Enchère : mode de fonctionnement des régies de liens sponsorisés, qui détermine le positionnement d'annonces concurrentes sur une même requête à l'aide d'un système d'enchères, dépendant en partie du CPC max et d'une note de qualité. L'annonceur présentant le meilleur Ad Rank (CPC max × Quality Score) se place en première position.

Enchère de haut de page : enchère indiquée par AdWords qui estime le CPC max nécessaire à un mot-clé pour atteindre une position en Zone Premium, en fonction du Quality Score actuel et de la concurrence présente.

Enchère minimum de première page : enchère définie par le niveau de qualité et la concurrence sur une requête, qui indique le niveau minimal du CPC max nécessaire pour que le lien sponsorisé apparaisse sur la première page de résultats.

Entonnoir de conversion : interface de rapports disponible sur AdWords permettant d'obtenir plus d'informations sur le comportement des internautes ayant effectué une action sur le site de l'annonceur.

Expanded Broad Match : spécificité du ciblage Large sur AdWords qui donne l'autorisation à l'algorithme du moteur d'afficher une annonce sur des requêtes non achetées, mais que Google juge sémantiquement pertinentes (comme les synonymes).

Extension d'annonce : extension qui offre la possibilité d'ajouter des informations à une annonce (souvent en position Premium) afin qu'elle soit plus visible.

Extension d'appel : possibilité offerte à un annonceur d'ajouter sous son lien sponsorisé un numéro de téléphone utilisable directement depuis un mobile.

Extension de lieu : fonctionnalité qui permet l'affichage d'une adresse physique et d'une carte issue de Google Maps sous un lien sponsorisé, en relation avec un compte Google Adresses.

Extension de réseau social : ajout au sein de l'annonce AdWords d'un compteur indiquant le nombre d'internautes ayant encerclé la page de l'annonceur sur le réseau social Google+. Le clic sur le lien redirigeant vers la page de l'annonceur est gratuit pour ce dernier.

Extension de produit : extension qui permettait d'ajouter des liens vers des produits de l'annonceur directement depuis la Zone Premium. Elle a été supprimée en 2013 suite à la généralisation des campagnes Shopping.

Fil d'Ariane : suite de liens disponibles dans la partie haute d'un site web, permettant de naviguer dans les différents niveaux de son arborescence.

Flash : technologie qui permet de créer des sites web ou éléments de sites animés. Elle n'est pas encore correctement interprétée par Google et engendre souvent un niveau de qualité faible.

Fraude au clic : action de personnes mal intentionnées qui consiste à cliquer de façon automatisée sur les annonces de concurrents afin de favoriser leurs propres liens sponsorisés.

Free-lance : prestataire (souvent un auto-entrepreneur) gérant des campagnes de liens sponsorisés pour des clients.

Géolocalisation : appelée aussi ciblage géographique, fonctionnalité proposée par les régies publicitaires permettant de cibler précisément l'affichage des annonces pour les internautes situés dans une zone géographique délimitée.

Geotargeting : *voir* **Géolocalisation**

Google Ad Preview : outil de prévisualisation et de diagnostic des annonces, qui permet de simuler l'affichage d'une annonce sur un mot-clé donné en fonction d'un contexte précis (zone géographique, type de terminal), sans affecter les statistiques des impressions et des clics.

Google AdSense : régie publicitaire de Google permettant aux éditeurs de sites web d'afficher des publicités (liens contextuels ou Display) sur leurs pages contre rémunération.

Google Advertising Professionals (GAP) : ancien nom du programme Google Partners.

Google AdWords Editor : logiciel de gestion des campagnes AdWords édité par Google, qui constitue l'outil de gestion gratuit le plus abouti en matière de liens sponsorisés.

Google Analytics (GA) : outil gratuit de web analytics édité par Google, que l'on peut lier à un compte AdWords dans le but de compléter les statistiques d'un site.

Google Merchant Center (GMC) : interface de Google qui enregistre un flux de produits permettant de lancer une campagne Shopping.

Google Partners : nouveau programme de certification des entreprises maîtrisant AdWords pour les accréditer comme des partenaires privilégiés de Google.

Google Trends : outil en ligne proposant de connaître les évolutions des recherches sur le moteur de Google, et offrant la possibilité de comparer jusqu'à cinq mots-clés entre eux. La version francisée se nomme «Tendances des recherches».

Google Webmaster Tools (GWT) : outil destiné au référencement naturel, permettant d'obtenir de nombreuses statistiques sur les positions et le trafic des liens organiques sur Google.

Groupe d'annonces : plus fin niveau de structuration d'une campagne, permettant de gérer directement annonces et mots-clés.

Historique : critère important comptant dans le calcul du Quality Score, qui traduit la performance d'un compte et du couple annonce/mot-clé, ainsi que celle des mots-clés dans la durée. L'historique se bonifie avec le temps quand les campagnes sont actives, mais se perd progressivement dès qu'une campagne est désactivée.

Impression : terme désignant l'affichage d'un lien sponsorisé. Chaque impression représente la visualisation d'une annonce sur une page de résultats de recherche. Les impressions sont un indicateur-clé à suivre dans une campagne.

Incrémental : terme qualifiant l'apport de trafic quand on arrive à démontrer qu'une optimisation des liens sponsorisés est à l'origine d'une amélioration substantielle et mesurable des résultats.

Interface : *voir* **Plate-forme publicitaire**

Landing Page : *voir* **URL de destination**

Lead : terme désignant un prospect. En webmarketing, il correspond à un internaute s'étant inscrit sur un site, avec au minimum une adresse e-mail enregistrée. Ce terme est souvent utilisé dans le sigle CPL (coût par lead), qui représente un mode de rémunération similaire au CPA (coût par action).

Libellés : labels pouvant être apposés sur une campagne, un groupe d'annonces ou un mot-clé afin d'en agréger les statistiques. Les libellés offrent une nouvelle clé de lecture des performances par rapport à la structure classique d'un compte AdWords.

Liens annexes : liens situés sous certaines annonces affichées en Zone Premium qui permettent de mettre en valeur l'accès à des pages profondes du site de l'annonceur.

Liens annexes optimisés : liens annexes dotés d'une visibilité plus importante grâce à deux lignes de description. Pour l'instant, ils sont uniquement disponibles sur Google et ne s'affichent pas dans tous les cas.

Liens contextuels : liens publicitaires s'affichant sur certains sites, au même titre que les liens commerciaux figurant sur un moteur de recherche. Mais contrairement à ces derniers, c'est le contenu de la page support qui détermine les liens affichés, et non la requête de l'internaute. Google AdSense est la principale régie de liens contextuels en France.

Liens organiques : encore appelés «liens naturels», liens qui composent, avec les liens sponsorisés, une page de résultats d'un moteur de recherche. Ces liens «classiques» ne sont pas des publicités : les moteurs affichent les plus pertinents en fonction de la requête tapée par l'internaute. L'amélioration de leur positionnement s'effectue à l'aide d'optimisations en référencement naturel.

Longue traîne : aussi nommée *Long Tail*, liste de mots-clés comportant des termes très spécifiques. Ces mots-clés, qui génèrent un trafic moins important mais plus qualifié que les mots génériques, sont aussi souvent plus rentables et moins chers.

Long Tail : *voir* **Longue traîne**

Mandataire payeur : entreprise tierce qui se porte garant du paiement des factures pour le compte d'un client. Dans le domaine des liens sponsorisés, le mandataire payeur est une agence qui règle les régies publicitaires à la place de l'annonceur qu'il représente, puis refacture l'achat média en y ajoutant ses honoraires.

Microsoft Advertising : ancien nom de la régie publicitaire de Microsoft qui gère les liens sponsorisés sur Bing. Désormais, cette régie se nomme Bing Ads.

Mode de notation des annonces : paramétrage de campagne qui permet de définir la méthode utilisée pour la diffusion des annonces d'une même campagne : à parts égales (Alterné) ou en favorisant l'annonce la plus performante (Optimisé). En mode Optimisé, il est possible de choisir si les performances seront optimisées en fonction du taux de clic ou du taux de conversion.

Modificateur de requête large : fonctionnalité de Google qui limite les conséquences du ciblage Large, en empêchant l'activation de l'Expanded Broad Match. On peut ainsi définir un ciblage intermédiaire entre le ciblage Expression et le ciblage Large, permettant de ne plus faire apparaître les annonces sur des synonymes, tout en conservant les avantages du ciblage Large.

Mot par défaut : terme inclus dans une balise Keyword, affiché dans le texte publicitaire si le mot-clé est trop long pour entrer dans l'annonce.

Mot-clé : terme acheté par un annonceur pour que son annonce publicitaire apparaisse quand l'internaute tape une requête équivalente ou approchante à ce mot sur un moteur de recherche.

Mot-clé exclu : également appelé «mot négatif», mot-clé compris dans une campagne ou un adgroup, dont le ciblage empêche l'affichage des annonces sur les termes correspondant à ce mot-clé et permet ainsi de qualifier le trafic drainé. Un mot-clé exclu n'est pas un mot-clé que l'on achète.

Mot-clé générique : mot-clé désignant une large gamme de produits/ services. Ce type de terme très concurrentiel en liens sponsorisés fait souvent l'objet d'enchères élevées, car il génère un trafic très important, mais généralement peu qualifié.

Mot-clé marque : mot représentant la propre marque d'un annonceur, qu'il peut acheter en liens sponsorisés. C'est généralement un mot-clé peu onéreux, car sans grande concurrence.

Mot-clé négatif : *voir* **Mot-clé exclu**

Mot-clé spécifique : mot ou expression très précis développés dans le cadre de l'amélioration de la longue traîne. Contrairement aux mots génériques, les mots-clés spécifiques sont souvent plus rentables et moins chers, mais drainent un trafic plus faible.

Moyenne pondérée : moyenne d'un certain nombre de valeurs affectées de coefficients. En SEA, on utilise la moyenne pondérée par rapport aux impressions pour calculer les moyennes de positions et de Quality Score.

Multi Client Center (MCC) : *voir* **Centre multicompte**

Multiciblage : fait d'acheter plusieurs fois un même mot-clé avec des ciblages différents. Cette méthode permet de réduire les coûts en variant les CPC en fonction du ciblage.

Niveau de qualité : *voir* **Quality Score**

Optimisation des liens sponsorisés : démarche qui consiste à modifier les paramètres et les éléments d'une campagne afin d'en améliorer les performances, en se basant sur les statistiques de cette campagne.

Optimiseur de conversion : nom donné à une stratégie d'enchères qui permet de confier à Google la gestion des CPC max en fonction de l'atteinte d'un CPA cible.

Ordre d'insertion (OI) : contrat établi entre une régie publicitaire et un annonceur, lequel dispose alors d'un budget prédéfini sur la plate-forme publicitaire. Ce contrat d'achat média est réglé par l'annonceur avec un paiement différé à 30, 60 ou 90 jours. Ce mode de paiement est particulièrement adapté aux annonceurs les plus importants et aux agences.

Outil pour les webmasters : *voir* **Google Webmaster Tools**

Outil web analytics : outil qui permet de mesurer le nombre de visiteurs et leur comportement sur un site web. La plupart de ces outils permettent d'identifier des campagnes webmarketing. Les plus courants sont Google Analytics, Omniture et AT Internet (Xiti).

Page de confirmation : page web affichée pour remercier l'internaute après le paiement d'un achat ou la réalisation d'une action précise. Cette page accueille le tag de tracking de la régie publicitaire, afin de pouvoir activer le suivi des conversions et remonter sur l'interface le nombre d'actions générées depuis la campagne publicitaire.

Page Rank : indicateur de Google qui détermine la popularité d'un site web et agit sur le positionnement d'une page dans les résultats naturels de recherche. Utilisé dans le cadre du référencement naturel, cet indicateur n'a aucune relation directe établie avec les liens sponsorisés.

Paiement automatique : mode de paiement, par virement ou carte bancaire, permettant d'éviter la coupure d'une campagne de liens sponsorisés. Une fois vérifié et validé, le moyen de paiement est automatisé chaque mois dès l'activation de la campagne. Le paiement automatique est donc un post-paiement.

Paiement manuel : option de paiement proposée par les régies. Dans ce cas, elles autorisent le paiement d'une campagne de liens sponsorisés de façon manuelle et ponctuelle, par le biais de moyens de paiement classiques. À noter qu'il s'agit alors d'un pré-paiement, les régies ne prenant pas le risque d'avoir des clients insolvables.

Partenaires du réseau de recherche : sites associés qui diffusent des liens sponsorisés AdWords via la technologie de recherche interne de Google dont ils sont équipés.

Pertinence : utilité d'une information ou d'un élément pour un internaute, estimée par les moteurs de recherche via de nombreux critères, afin d'en déduire des indices de qualité comme le Quality Score.

PLA *(Product Listing Ads)* **:** ancien nom d'une campagne Shopping, traduit en français par «annonces pour une offre de produit». *Voir* **Shopping**

Plate-forme publicitaire : outil mis à disposition par les régies pour effectuer la gestion opérationnelle des liens sponsorisés sur Internet. Chaque régie publicitaire dispose de sa plate-forme, celle de Google étant AdWords.

Position Premium : *voir* **Zone Premium**

Positionnement : classement effectif des liens sponsorisés sur une page de résultats de recherche. Les moteurs proposent entre 8 et 11 liens sponsorisés au maximum par page de résultats, et modulent les positions des liens en fonction d'un système d'enchères, basé sur une note de qualité et le CPC max.

Post-impression : appelé encore «après affichage», terme qualifiant une conversion effectuée par un internaute sur un site, après avoir été exposé à une publicité contextuelle ou une bannière du réseau Display sans avoir cliqué dessus dans une limite de 30 jours.

Post-paiement : système de paiement consistant à payer la régie de liens sponsorisés une fois les clics effectués sur les annonces. Les régies ne proposent cette option qu'avec un mode de paiement vérifié et sûr.

Prépaiement : système de paiement consistant à payer les dépenses de liens sponsorisés en avance, en créditant un certain montant sur le compte. Une fois ce montant épuisé, la campagne s'interrompt.

Protection de marque : démarche permettant à l'annonceur de protéger l'utilisation sur AdWords d'une marque déposée. Google ne permet plus de protéger une marque en tant que mot-clé acheté, mais cette protection demeure possible dans les annonces publicitaires.

Quality Score (QS) : appelé aussi niveau ou score de qualité, indicateur inventé par Google qui juge de la pertinence et de la qualité des liens sponsorisés pour l'internaute. Cet indicateur prend en compte des dizaines de critères, que ce soit au niveau de la performance des annonces ou des caractéristiques des pages de destination, entre autres. Ce score impacte la position et le CPC réel d'un lien sponsorisé.

Rapport d'analyse des enchères : accessible aux niveaux Campagnes,

Groupes d'annonces et Mots-clés d'AdWords, rapport qui permet de comparer les performances de positionnement d'un annonceur avec celles de ses principaux concurrents sur les mots-clés qu'ils ont en commun.

Rapport sur les termes de recherche : rapport AdWords qui permet de repérer les requêtes ayant entraîné l'affichage et le clic sur les annonces d'un annonceur. Ce rapport est essentiel pour rechercher des mots-clés exclus ou nouveaux et pour modifier des ciblages.

Référencement : encore appelé SEM *(Search Engine Marketing)*, regroupe les actions visant à améliorer la visibilité d'un site web sur les moteurs de recherche. On distingue le référencement payant (SEA) et le référencement naturel (SEO).

Régie publicitaire : entreprise gérant la publicité sur son site web et/ou son réseau de partenaires. Dans le domaine des liens sponsorisés, il s'agit souvent du propriétaire d'un moteur de recherche.

Règle automatique : paramétrage propre à AdWords permettant d'effectuer automatiquement une action sur le compte si une ou plusieurs conditions définies en amont sont remplies. Ce type de règle permet d'automatiser certaines tâches opérationnelles.

Requête de recherche : requête correspondant au(x) mot(s) tapé(s) par l'internaute dans un moteur de recherche, donnant lieu à l'affichage d'une page de résultats. Attention à ne pas la confondre avec le mot-clé acheté, car ils ne sont pas forcément équivalents.

Réseau de recherche : expression désignant l'intégralité des sites web qui diffusent les liens sponsorisés classiques AdWords. Ce réseau inclut les moteurs de recherche de Google (dans les différentes langues), ainsi que les partenaires de recherche.

Réseau Display : réseau dédié à l'affichage des liens contextuels et des bannières via Google AdWords. Ce réseau est constitué de sites web externes diffusant des annonces contextuelles de Google.

Retour sur investissement (ROI) : communément appelé ROI *(Return On Investment)*, indicateur traduisant la rentabilité des liens sponsorisés en fonction de ce qu'ils rapportent et de ce qu'ils coûtent à l'annonceur. Plusieurs formules du ROI sont possibles, intégrant le chiffre d'affaires ou la marge, suivant l'annonceur et ses objectifs.

Score de qualité : *voir* **Quality Score**

Scripts : éléments de code en JavaScript permettant de faire appel à certaines fonctionnalités de l'API AdWords pour automatiser des actions ou des rapports.

Search Engine Advertising (SEA) : expression désignant communément les liens sponsorisés, également nommés référencement payant.

Search Engine Marketing (SEM) : *voir* **Référencement**

Search Engine Optimization (SEO) : démarche consistant à optimiser le positionnement d'un annonceur dans les résultats organiques d'un moteur de recherche. Le SEO est aussi appelé référencement naturel.

Sémantique : science qui étudie le sens des mots. En liens sponsorisés, Google utilise la sémantique pour rapprocher les mots entre eux et afficher plus d'annonces grâce à l'Expanded Broad Match.

Shopping : campagne permettant d'afficher les photos et les prix des produits d'e-commerçants en tête des résultats de recherche de Google en lien avec le compte Google Merchant Center.

Simulateur d'enchères : fonctionnalité qui permet de simuler l'évolution du trafic, des dépenses et des conversions en fonction d'une hypothèse de CPC max pour un mot-clé donné.

Slash : élément indispensable d'une URL permettant de séparer le nom de domaine des répertoires qui la composent. Il est représenté par la barre oblique «/».

Sous-liens : *voir* **Liens annexes**

Stratégies d'enchères : règles permettant de confier la gestion automatisée des CPC max des mots-clés d'une campagne à Google en fonction de différents scénarios et objectifs.

Tag de tracking : extrait de code HTML à inclure dans une page de confirmation d'action pour activer le suivi des conversions des régies publicitaires. Il peut aussi s'agir d'une suite de paramètres à inclure derrière une URL de destination pour identifier la source du clic au sein d'un outil web analytics.

Taux d'impressions : indicateur qui permet d'évaluer le taux de diffusion des liens sponsorisés, correspondant au pourcentage du nombre d'impressions effectives par rapport au nombre de fois où le terme acheté a été recherché. Plusieurs raisons peuvent expliquer un taux de diffusion inférieur à 100 %, notamment un budget insuffisant ou des positions trop basses. Sur AdWords, cette information est disponible aux niveaux Campagnes et Groupes d'annonces, en personnalisant les colonnes de l'interface.

Taux de clic : pourcentage du nombre de clics générés sur un lien sponsorisé par rapport au nombre d'impressions de ce même lien. Le taux de clic représente généralement l'attractivité d'une annonce par rapport à celles des concurrents.

Taux de conversion : également appelé «taux de transformation», pourcentage représentant le nombre d'actions générées par un lien sponsorisé par rapport au nombre de clics sur ce même lien. C'est un indicateur-clé pour juger de la performance des campagnes SEA.

Taux de rebond : proportion des visiteurs qui quittent un site après n'avoir visité qu'une seule page. En liens sponsorisés, le taux de rebond correspond à la proportion des internautes quittant directement le site de l'annonceur après y être arrivés en cliquant sur un lien sponsorisé. Ce pourcentage permet généralement de juger la qualification du trafic drainé.

Taux de transformation : *voir* **Taux de conversion**

Test A/B : technique utilisée dans le cadre du SEA qui consiste à tester différentes URL de destination afin de définir les landing pages les plus rentables pour un annonceur.

Titre : partie la plus mise en valeur d'une annonce en lien sponsorisé (généralement écrite en bleu). C'est également la seule partie cliquable d'une annonce textuelle.

Tracker : *voir* **Tag de tracking**

Tracking : procédé visant à mesurer concrètement la provenance et le comportement d'un internaute sur un site. À l'aide d'outils web analytics, on peut ainsi mesurer le nombre de transactions effectuées par les personnes ayant cliqué sur des liens sponsorisés.

URL *(Uniform Resource Locator)* **:** adresse web permettant l'affichage d'un site, commençant par «http://» ou «https://».

URL d'affichage : URL affichée (souvent en vert) dans l'annonce du lien sponsorisé. Cette URL, qui n'a pas besoin d'être forcément valide, doit rassurer l'internaute sur le contenu de la page qu'il s'apprête à visiter en cliquant sur une annonce.

URL de destination : URL vers laquelle est redirigé l'internaute après son clic sur un lien sponsorisé. Elle n'est pas directement visible pour l'internaute, qui ne la découvre qu'après son clic ; elle contient généralement tous les paramètres nécessaires au tracking des liens sponsorisés.

Yahoo! Search Marketing : ancien nom de la régie publicitaire du moteur de recherche Yahoo!. Cette régie a désormais fusionné avec la régie publicitaire de Microsoft sous le nom de Bing Ads.

Zone nord : *voir* **Zone Premium**

Zone Premium : liens sponsorisés situés au-dessus des liens naturels sur une page de résultats de recherche. Au nombre de trois maximum sur Google, ils sont identifiables par des cartouches jaunes «Annonce» et bénéficient ainsi d'une meilleure visibilité par rapport aux liens sponsorisés latéraux. Ils permettent également l'affichage d'extensions d'annonces et recueillent généralement des taux de clic plus élevés.

Index

D

E

Rapport sur les termes de recherche
53, 61, 66, 67, 71, 148, 150, 183, 191,
303

référencement 2, 5
naturel 5 *Voir* SEO
page de résultats 5
payant 5
règle automatique 282, 289, 290, 303
rentabilité 9, 19, 22, 25, 31, 36, 41, 42,
116, 148, 153, 160, 170, 192, 246,
273, 289
réseau
de recherche 48, 99, 114, 183, 190,
230, 234, 246, 304
Display 12, 32, 48, 58, 115, 120, 131,
153, 183, 230, 231, 233, 250-252,
280, 281, 304

script 193-195, 304
SEA 2
SEM 2
SEO 2, 5, 10, 11, 16, 33, 34, 45, 61,
126, 137, 143, 149, 202, 204, 299,
302, 304
simulateur d'enchères 56, 57, 304
sous-domaine 90
stratégies d'enchères 46, 120, 121,
123, 124, 305
flexibles 124, 125

tableau croisé dynamique 187
tag de tracking 116, 118, 126, 305
taux
de clic 13-16, 33, 34, 36, 38, 42, 70,
79, 85, 89, 91, 96, 100, 115, 137,
142, 143, 146-148, 151, 153, 157,
182, 183, 193, 204, 206, 219, 220,
263, 296, 305
de conversion 19, 36, 44, 100, 146,
162, 193, 305
de couverture 100, 155
de position supérieure 228
de rebond 22, 27, 36, 40, 42, 305
de superposition 227
d'impressions 31, 34, 155, 156, 158,
190, 214, 215, 227, 228, 305
téléchargement d'un rapport 179,
180
test A/B 174, 205, 207, 305

URL
d'affichage 76, 85, 89, 90, 232, 247,
251, 306
de destination 10, 19, 27, 33, 34,
37, 42, 46, 60, 76, 78, 80, 90, 117,
123, 126-128, 131, 132, 136-138,
148, 149, 151, 174, 176, 177, 205,
220, 221, 224, 232, 247, 248, 251,
267, 306

Yahoo! 8, 26, 32, 77, 132, 133
YouTube 250-252

Zone
    basse 3
    latérale 43
    nord *Voir* Zone Premium
    Premium 3, 14-16, 38, 42, 43, 81,
        93, 94, 125, 153, 228, 251, 306